涪江遗珠

绵阳可移动文物

绵阳市文物管理局　绵阳博物馆◎编著

王锡鉴◎主编　唐光孝◎副主编

科学出版社

北京

内 容 简 介

本书是首部全面介绍绵阳市可移动文物的公开出版物，以收录全市国有文物收藏单位清代以前学术性较高、观赏性较强的历史文物为主，按漆木器，铜铁器，陶器，瓷器，石器、石刻、画像砖，书画以及杂项分类，以图为主、图文并茂，对全市国有可移动文物进行了比较全面、深入的梳理和研究，全面反映了全市国有可移动文物的概貌、重点、特点和价值，具有较高的学术性、资料性和科普性。

本书可供从事考古、历史、文物、美术研究的专家学者、教师、学生及文物收藏爱好者参考、阅读。

图书在版编目（CIP）数据

涪江遗珠：绵阳可移动文物／王锡鉴主编；绵阳市文物管理局，绵阳博物馆编著．—北京：科学出版社，2015.7

ISBN 978-7-03-045302-0

Ⅰ．①涪…　Ⅱ．①王…　②绵…　③绵…　Ⅲ．①文物—介绍—绵阳市　Ⅳ．①K872.713

中国版本图书馆CIP数据核字（2015）第176083号

责任编辑：柴丽丽／责任校对：彭　涛
责任印制：肖　兴／装帧设计：北京美光设计制版有限公司

科学出版社　出版
北京东黄城根北街16号
邮政编码：100717
http://www.sciencep.com

北京华联印刷有限公司　印刷

科学出版社发行　各地新华书店经销

*

2015年7月第　一　版　　开本：889×1194　1/16
2015年7月第一次印刷　　印张：16 3/4
字数：480 000

定价：328.00元

（如有印装质量问题，我社负责调换）

序

涪江润沃土，富乐出绵州。

涪江，这条发源于岷山主峰雪宝顶的河流，流域面积几乎覆盖绵阳全境。千百年来，滔滔的涪江水润泽了绵州的土地，滋养了绵州的文明，催生了“富”、“乐”绵州。

绵阳古称涪县、绵州，后因城址位于绵山之南而得名“绵阳”。这里境域辽阔，资源丰富，历史悠久。2万～3万年前，绵阳的先民就在这里生息繁衍。5000多年前，他们就开始过着定居的生活。秦汉以降，绵阳经济社会快速发展，至迟在汉高祖六年（前201年）就设置了涪县。及至三国蜀汉，绵阳成为富、乐之乡，并自西晋开始，成为历代州郡治地和一方政治、经济、文化中心。

千百年来，绵阳人一直依偎着涪江辛勤耕耘，创造了辉煌的历史，留下了丰富多彩的可移动文物。20世纪80年代以来，绵阳市、县国有文博机构通过考古发掘、社会征集、公安部门移交等途径，收藏了7万余件文物，其中，三级以上珍贵文物达5300余件。文物种类包括石器、陶器、瓷器、铜器、铁器、漆木器、金银器、石刻、画像砖、书画、碑帖、民族文物、红军文物和“5·12”汶川特大地震文物资料等，时代上至旧石器时代，下至现代。这些文物中，以人体经脉漆木俑和车、马、人物造型为代表的一批漆木器独具特色，它们是四川地区迄今为止数量最多（500余件）、个体最大、种类最丰富、保存最完整的一批西汉漆木器，特别是人体经脉漆木俑是我国迄今发现最早的2件有关经脉学的人体模型之一，其价值和意义“堪与北京猿人媲美”；以东汉铜马和摇钱树为代表的青铜器，工艺精良，造型俊美，虽为青铜时代的暮年之作，依然闪耀着耀眼的艺术光芒；以娱乐俑、劳作俑、动物俑为代表的汉代陶塑，不仅见证了汉代高度发达的社会经济、文化生活，也是当时全国高水平的陶塑艺术品；近2000件的青瓷器，表明绵阳是四川出土青瓷器最多的地区，其中，一件西汉青瓷壶，是迄今四川发现最早的原始青瓷器，对研究四川瓷器的起源具有重要意义；宋元明清，绵阳国有馆藏数量最多的是瓷器，其中，青花菊花纹象耳垂环瓶和青花缠枝牡丹纹鼎式炉是四川国有文物收藏单位仅有的2件元代青花瓷器，弥足珍贵；20世纪六七十年代，郭沫若、谢无量、傅抱石、吴冠中、李苦禅、潘天寿、蒋兆和、林散之、沙孟海、陆俨少、贺天健、钱松喦、王叔晖、王雪涛等一批现代大家为江油李白纪念馆创作的一批李白诗意书画作品在全国独领风骚……这些可移动文物与绵阳4700多处不可移动文物，犹如涪江历史长河中的晶莹浪花，数千年奔腾不息，汇聚成现代绵阳珍贵的文化遗产。

为了保护、继承、弘扬这份珍贵的文化遗产，我们组织编撰了《涪江遗珠——绵阳可移动文物》。本书是去年出版的《涪江遗韵——绵阳不可移动文物》的姊妹篇，也是第一部全面介绍绵阳市国有可移动文物的公开出版物。本书第一次对全市国有可移动文物进行了比较全面的梳理和研究，以收录清代以前学术性较高、观赏性较强的历史文物为主，按漆木器，铜铁器，陶器，瓷器，石器、石刻、画像砖，书画以及杂项分为七类。具体内容的编撰以图为主、图文并茂，由“概述”和195个条目组成，力求反映全市国有可移动文物的概貌、重点、特点和价值，期望达到学术性、资料性和科普性兼顾的目的。

文物是历史的见证，是社会文明的结晶，是民族文化的象征。在本书即将付梓的时候，我们欣喜地看到习近平总书记关于加强历史文物保护的重要论述，标志着我国文物保护进入了新时期，让人倍感鼓舞！希望本书和此前出版的《涪江遗韵——绵阳不可移动文物》一道，能够为绵阳人民认识家乡文物、热爱家乡文物、保护家乡文物尽到绵薄之力，能够为继承家乡历史、传承中华文明尽到绵薄之力，能够为弘扬家乡优秀传统文化、复兴中华文化尽到绵薄之力。

王锡鉴

2015 年 1 月于绵阳

目录

叁　陶器

肆　瓷器

伍　石器 石刻 画像砖

陆　书画

柒　杂项

后记

概　述

位于四川盆地西北部的绵阳，亘古涪江水系自西北向东南顺势而下，激荡、冲刷、堆塑出山地、丘陵和平坝三级自然地貌，被称为中国地貌的典型样本，也是探讨人地关系的绝佳剖面。在这块土地上，涪江串起了分处三级地貌上的平武、江油、绵阳和三台四座省级历史文化名城，以及北川、安县、梓潼、盐亭、涪城、游仙等县区，积淀了深厚的历史文化底蕴，体现出鲜明的历史个性和地域特色。

（一）

早在2万年前的旧石器时代晚期，就有古人类活动在北川县高山地区的洞穴中[1]。到距今5000年前后，绵阳先民顺江而下，攀越高山，蜗居江油大康镇吴家后山大水洞[2]，扎寨安昌江边的涪城新皂镇边堆山[3]……他们渔猎农耕，点燃文明星火，让袅袅炊烟在涪江上空飘荡、弥漫。它们是上续岷江上游地区的营盘山文化，下连成都平原三星堆文化的桥梁之一，是探索和研究新石器时代晚期文化传播，族群形成、迁徙和交融的重要节点。

夏商周时期，绵阳大地1800余年的历史面目朦朦胧胧，藏头露尾，莫测深浅。盐亭麻秧乡窖藏出土殷商时期礼天祭祀的苍璧，涪江沿岸出土的东周晚期巴蜀与中原式青铜戈、剑、钺、矛等兵器，印证了“国之大事，在祀与戎”。这一历史时期，绵阳处在巴蜀奴隶制国家的社会形态之中，但斑斑点点，难窥全豹。

（二）

秦扫六合、强汉迅现，历史的车轮驶上了秦汉帝国的直道驿路。这时，绵阳纳入一统，始设县置郡。公元前316年，秦灭巴蜀，在今绵阳地区逐步设置或领有部分区域的葭萌、郪、梓潼等县，归属秦王朝之蜀郡。公元前201年，汉置广汉郡，治今梓潼，下设涪县。585年，隋朝始称绵州。1913年，民国政府改称绵阳。无论县治还是州府，其治地绝大多数时间都设于今绵阳主城区。

公元前4世纪晚期，秦朝结束了列国纷争的局面，汉代进一步完成文化整合，奠定多民族国家的基础。这时，中华民族的核心——汉民族成为一个稳定的民族共同体和强盛的起点，奔腾不息的涪江则迎来了绵阳经济、科技、文化和艺术发展的第一波高峰，尤其是在金属器铸造、漆木器手工业、医学科技和陶塑艺术等方面独树一帜，领时之先。

《汉书·地理志》载，西汉治地在今梓潼城北的广汉郡“有工官”，是当时全国八大工官之一，

[1] 四川省文物考古研究院、绵阳市博物馆、北川县文物管理所：《四川北川县烟云洞旧石器时代遗址发掘简报》，《四川文物》2006年第6期。

[2] 四川省文物考古研究院、绵阳市博物馆、江油市文物管理所：《四川江油市大水洞新石器时代遗址发掘简报》，《四川文物》2006年第6期。

[3] 中国社会科学院考古研究所四川工作队：《四川绵阳市边堆山新石器时代遗址调查简报》，《考古》1990年第4期。

以生产金银器和漆木器著称全国。《汉书·贡禹传》载，“蜀广汉主金银器”，说明当时广汉郡工官铸造的铁和铜等金属器是其重要产品类别之一。2007年，四川广汉市石亭江出土1件铸有汉武帝太始元年（前96年）造的“广汉郡雒江桥墩”，铁质，重达近1.4吨，完好如初[4]。罗振玉《贞松堂吉金图》著录的几把汉代蜀郡和广汉郡铁器制品——书刀，其中3件明确为卅炼的广汉郡工官产品，它们分别为“永元十六年，广汉郡工官，卅湅△△△△△△△△△史成、长荆、守丞、熹主”；“永元十△年，广汉郡工官卅湅书刀，工冯武……”；“……广汉［郡工官］卅湅△△△秋造，护工卒史克、长不、丞奉主”。从这些铭文可以看出，这3件书刀出产地明确，生产分工和程序清楚明晰。汉武帝时期，四川盆地在生产、生活和战争中广泛使用铁制用品，绵阳馆藏两汉100余件铁器充分证明了这一点。同时，四川迅速提高的经济文化水平也有赖于当时广汉郡和蜀郡发达的冶铁手工业。

两汉时期，由于漆器、瓷器和铁器等手工业得到较大发展，在社会生产生活中日显重要并逐步普及，而青铜制造业进一步衰落，青铜器在生活中的地位进一步下降，但还是可以见到一些常用的生活实用器或专用冥器。绵阳出土的汉代青铜实用器多是壶、钫、耳杯、洗、釜、甑、镜等，以及马、摇钱树身等冥器。从铸造技术上看，实用青铜器素面厚胎，工艺不太精致。相反，冥用青铜器则工艺复杂、制作细致，如大铜马分头、颈、胸、腰和腿等九部分铸造，以子母口套合和钉孔连接，体壁薄至0.2厘米；摇钱树身由树干和叶片组成，一般有二三十个组件，有的叶片薄如蝉翼，纹饰丰富、雕刻精细，堪称这一时期青铜器中的珍品。

如淳注《汉书·贡禹传》说：“蜀郡成都、广汉皆有工官，工官主作漆器物者也”。据俞伟超和李家浩考证，“蜀郡工官最迟开始于武帝初年，创始于文帝以后至武帝初年之间”，认为和蜀郡工官相近的广汉郡工官其兴废时间也应相当[5]。20世纪90年代，绵阳永兴镇双包山发掘西汉中晚期土坑木椁墓20余座，出土漆木器数百件。尤其是2号汉墓，出土漆器有马、车、盘、耳杯、奁、案、钵、扁壶、盒、碗、罐等，其中漆马、盘、耳杯数量均超过100件，漆盘数量最大，可辨器形达到200余件。木器有俑、牛、臼、灶、案、锤、璧、井、盒、梳、篦等，其中木俑和木牛数量较大，分别达到134件和30件[6]。20世纪30年代以来，在朝鲜古乐浪[7]、贵州清镇[8]、江苏邗江[9]、河南杞县[10]、湖南永州[11]等地汉墓中均曾发掘出“广汉郡工官”或“子同郡（王莽改梓潼郡为子同郡）工官”等铭文的漆器，且多铭记有八道以上的制作工艺流程和相应的工匠与管理者名字，证明广汉郡工官漆器生产工艺复杂，分工细致、责任明确，产品畅销全国。同时，从双包山汉墓和其他地方出土漆木器考察，广汉郡工官生产的生活用品制作精巧、色彩亮丽、纹饰优美。这些，见证了汉代绵阳地区高超的漆器生产技术和高度繁荣的漆器手工业。

经脉漆木俑，出土于绵阳永兴镇双包山2号汉墓，时代为汉武帝元狩五年（前118年）以前，是迄今世界发现最早的标有经脉流注的木质人体模型。木俑髹黑漆，高28厘米；体表绘有十余

---

[4] 三星堆博物馆、广汉市文物管理局等：《蜀风雒韵——广汉文物艺术精粹》，四川出版集团·巴蜀书社，2013年。

[5] 俞伟超、李家浩：《马王堆一号汉墓出土漆器制地诸问题——从成都市府作坊到蜀郡工官作坊的历史变化》，《考古》1975年第6期。

[6] 四川省文物考古研究院、绵阳博物馆：《绵阳双包山汉墓》，文物出版社，2006年。

[7] 梅原末治：《支那汉代纪年铭漆器图说》，日本京都桑名文星堂，1943年（转引）。

[8] 贵州省博物馆：《贵州清镇平坝汉墓发掘报告》，《考古学报》1959年第1期；《贵州清镇平坝汉至宋墓发掘简报》，《考古》1961年第4期。

[9] 李则斌：《江苏邗江县杨寿乡宝女墩新莽墓》，《文物》1991年第10期。

[10] 开封市文物管理处：《河南杞县许村岗一号汉墓发掘简报》，《考古》2000年第1期。

[11] 湖南省文物考古研究所、永州市芝山区文物管理所：《湖南永州市鹞子岭二号西汉墓》，《考古》2001年第4期。

道红色线条，被中医学史专家认为是绘制的人体经脉循行径路，与《黄帝内经·经脉篇》、长沙马王堆和江陵张家山汉墓出土的经脉佚书中的人体经脉记述颇多相近或相似，大连医科大学刘澄中教授、中国医科大学张永贤教授均认为，其价值和意义“堪与北京猿人媲美”[12]。《后汉书·郭玉传》载，西汉晚期涪县有一号涪翁的老者，善针石之术，著有《针经》和《诊脉法》医书，东汉初和帝时的著名太医郭玉是其再传弟子。因此，经脉漆木俑出土于绵阳绝非偶然，也证明当时绵阳高度发达的经脉医学技术和取得的重要医学成就。

西汉和东汉中晚期，不仅贵族阶层奢靡和厚葬之风极盛，且“众庶葬埋，皆虚地上以实地下”[13]，所以两汉文物是绵阳馆藏之大宗，都是出于土坑墓、砖室墓和崖墓，尤以绵阳和三台的东汉崖墓最富。这时期的陶塑以人、动物造型为主，日常生活用具模型为辅，大多是原真写实性的艺术品，可誉为绵阳古代艺术中的一朵奇葩。

双包山西汉墓出土的陶塑人俑，可能是目前四川发现最早的陶俑。均为泥质灰陶，模制，高度在 37 ～ 41 厘米；通体施一层白色化妆土，复施彩绘，漆涂发髻，墨绘眉目，朱描双唇；皆为静立，着右衽长袍，束腰袖手。发饰两种，一种梳长发，垂至后背，下端挽髻，貌似女俑；一种平帻巾缠发，似为男俑。绵阳西汉陶俑风格写实，人体比例协调，衣饰刻画细腻，线条流畅，塑造风格与中原基本一致。

绵阳东汉陶塑题材丰富，艺术造型多样。题材多是日常生产生活中常见的人物和动物，陶水田、灶、屋、井、案等模型亦多见，这些陶塑在当时专作随葬冥器。人物陶俑可分两类，一类为生产中的劳动者形象，可称为田间劳作俑；一类为家丁、侍从服务者和倡优歌舞娱乐者形象，拟定名家事俑。田间劳作俑造型主要有提罐、执物、背负、击鼓、执飏扇等；多分男女，形象矮小，高度大多在 20 厘米以下，多数面目不清晰，制作较粗糙，似乎是社会最底层劳动者形象。提罐俑男性一般裸上身，一手提罐，一肩扛罐，女性多是两手分别提罐；执物俑多是执棍、箕、帚、锸等生产生活用具；执飏扇俑是扬扇鼓风脱谷物之壳渣。小型击鼓俑一般绾袖于肘，挽裤于膝，当是田间劳作号令或祭耕者形象。家事俑造型主要有带刀或带刀执锸俑、侍立俑、厨事俑、歌舞俑等，形体一般都很高大，衣着和发式较讲究，有的面部或衣饰有涂朱彩绘等，其衣饰、动作、用具等反映出是为富户从事家庭服务的社会阶层。带刀或带刀执锸俑，当是守家护院的家丁，农时亦参加庄园的生产劳动。侍立俑主要有拱手静立和行走两种造型，性别分男女，一般在 30 厘米左右，是家事俑中形体较小者。乐舞俑有说书、抚琴、吹笛、吹笙、击鼓和舞蹈等形态，当是《汉书·贡禹传》中的“豪富吏民畜歌者”，为富人日常娱乐和祭祀所用。

动物俑主要是家养六畜和鱼类水产。陶鸡、猪、狗、马等家畜模型最普遍，陶鸡分公母，子母鸡生动形象，陶狗或立或卧，造型各异；陶猪、马多作静立之状，惟妙惟肖。羊、牛等亦是可见但不太多的家养牲类。水产类的动物一般都是陶水田模型的附属品，鲢鱼、蛙、田螺、泥鳅、龟鳖，以及鸳鸯、鸭、鹅等。

陶房、水田也是当时墓葬中常见的专用冥器。陶房造型与绵阳崖墓雕刻、成都平原汉代画像砖、画像石上的房屋建筑样式、结构等基本一致，有单层和多层之分，有居家建筑和手工作坊（如舂米坊）之别，有的还有涂朱彩绘。陶水田多为方形或圆形，中间一般泥片或泥条间隔，附置有鲢鱼、蛙、田螺、泥鳅、龟鳖、鸳鸯、鸭、鹅等水生动物模型。

陶塑中，摇钱树陶树座和镇墓俑是反映时人精神信仰的两种随葬品。摇钱树座是汉魏摇钱树的组成部分，树身青铜，树座多为陶质，模制，造型大多略似山状，上小下大，中间为空心柱状，

[12] 刘澄中、张永贤：《扁鹊经脉医学·经脉现象与经络实质研究60年纵览》，辽宁科学技术出版社，2012 年。

[13] 《汉书·贡禹传》第 72 卷，中华书局，1962 年。

高度一般在 30 ～ 50 厘米。树座表面浮雕图案，题材内容以世俗和仙界为主。前者有人物活动场景，如狩猎、骑兽、抚琴、踞坐、打钱等；有动物造型，如马、羊、猪、鹿、蛇、龟、狮、虎、象等；有树木、卷草等植物，还有矛、弩机等战争或狩猎工具，以及琴、几案等居家娱乐用具。后者有生翅的西王母、狮、龙、虎、羊、马、朱雀和羽人等，其实都是对世俗之物的飞天想象。研究者多认为摇钱树（包括树座）是当时人们追求财富、长生不死和升天成仙观念的表达，在今天也是珍贵的写实和虚幻相结合的艺术作品。镇墓陶俑一般是角状长耳、口吐獠牙、长舌挂颈，手缠长蛇或其他，显得面目狰狞可怖；但都是高大的人物形态，似乎是一戴面具的巫师形象，在墓中驱邪避恶，是死者灵魂的守护者。

绵阳的汉代陶塑技法多是模制，部分运用塑、刻、画等手法制作而成。题材多是艺术家身边和生活中所见物事，质朴生动，形神兼备；一些场景的塑造，如姿态各异的马群，小羊吮奶和狩猎等生活情趣浓郁，表现出写实的艺术风格。同时，陶说唱俑的形态动作、表情语汇和衣饰着装夸张中透着真实，又体现出一种肆意奔放的艺术格调，是汉代最具时代特征和审美价值的陶塑作品。

（三）

涪江依然川流不息。时光越过两汉，见证了魏晋南北朝 300 余年巴蜀地区割据分裂、战乱纷争和民族迁徙的政治风云，以及经济凋敝、民生艰难的社会生活。“开皇之治”、“贞观之治”和“开元盛世”等，开创出 200 余年社会稳定、国家强盛、民生富庶的隋唐帝国，翔实的史料记载了绵阳在政治、经济和文化等方面取得的巨大成就，也是绵阳经济文化发展的第二个高峰。今天，平武所在的龙州（府）、三台所在的梓州、绵阳和江油所在的绵州在这段历史的舞台上都有异彩纷呈的演出。有时，出土文物与历史的真实并不合拍，动荡的魏晋南北朝和盛世隋唐就是如此。绵阳馆藏千余件青瓷器充分说明，即使是动荡时代，历史的车轮始终向前，社会依然在进步，生产力依然在发展；而百十件陶瓷器和铜器藏品却承载不起李唐王朝泱泱大国的历史分量。

魏晋南北朝时期是青瓷器生产和使用的鼎盛阶段，四川盆地发现较为普遍。从数量来看，绵阳是四川出土青瓷器最多的地区，馆藏近 2000 件。1995 年，在双包山 2 号西汉中晚期墓葬中发现 1 件青釉壶，灰胎，胎质细腻坚硬，敲击发出清脆之声，盖、口、肩腹和内底施有青釉，胎釉结合较好，不见剥落，“表明它是经高温烧成，与胎骨结合较紧密的高温釉”，是迄今四川发现最早的原始青瓷[14]。到东汉晚期至蜀汉，青瓷器在绵阳才又有发现，两晋时期青瓷器开始大量出现，南北朝时期进一步增多，墓葬不分大小，都是主要的随葬品。隋唐遗物发现不多，但也有青瓷器。绵阳青瓷器主要有碗、盘、壶、罐、盏、钵、杯、盂、洗、坛等器形，也有黑釉和褐釉瓷器，器形多为壶、罐。青瓷碗、盘口壶、罐和盘等数量最多，延续时间长，已至隋唐时期。

青瓷器既简洁端庄、清新典雅，又经济实用，故得以广泛流行。优美的造型、丰富的装饰传达出时人的信仰追求和审美情趣，富有鲜明的时代气息。有的瓷器也是精致的艺术品，如东晋晚期到南朝的龙凤盘口壶，青釉的造型秀丽、腹饰莲瓣，黑釉的圆润流畅，都是凤首高扬、龙嘴衔盘，是这一时期瓷器中的精品。西汉原始青瓷壶饰有弦纹、指甲纹和水波纹，肩部贴塑一对辫索纹耳，风格近似铜器装饰。魏晋至隋唐青瓷器，一般器物多饰弦纹、水波纹等，晋末出现的莲瓣纹在青瓷罐、壶、盘等器物上的装饰成为时尚，当与此时佛教盛行有紧密关系。

绵阳地区有烧造陶瓷器的悠久历史。2012 年 12 月中旬，梓潼县文昌镇莲枝村水厂工地发现

[14] 何志国：《四川最早的原始青瓷壶》，《四川文化报》1995 年 8 月 4 日第 2 版。

西汉早期至东汉时期的遗址。经过有限的发掘，揭露出与西汉广汉郡同时且与其有关的陶窑手工业区，发现陶窑 11 座，出土大量废弃的陶罐、钵、盆、甑、瓦、瓦当和地砖等生活用具及建筑材料[15]，与梓潼、绵阳等地发现的西汉墓葬出土陶器基本一致。20 世纪八九十年代，文物部门多次在江油青莲、九岭、方水、八一和涪城龙门等乡镇进行考古调查和发掘，发现了唐代遗迹、遗物最为丰富的瓷窑遗址（拟定名为绵州窑）。从瓷器标本特征看，窑址上限起于东晋或南朝时期，下限到北宋时期。梓潼西汉广汉郡陶窑遗址地处北上中原、南达成都的交通要道，绵州窑遗址地处涪江西岸浅丘，都在当时的水陆交通干道上。因此，绵阳地区这一时期出土的大量陶瓷器可能不少就出产在这两地。

（四）

宋元明清时期，涪江岸边和金牛蜀道上的绵阳进一步发展，时为市境的绵州、梓州、龙州物阜民丰，文化昌盛。三台所在的北宋梓州发展为四川第二大商业都市，城郭雄伟，交通发达，两江交汇，千帆云集，通江达海，是川北最大的水运码头。平武所在的龙州南宋至元明时期改土归流，藏羌民族多有汉化。明代的“深山宫殿”——报恩寺是中国目前保存最为完好的宫殿式佛教寺院建筑群，是民族地区历史、建筑、文化、宗教和艺术遗迹的典型代表。清代中期，史称“康乾盛世”，绵阳迎来经济文化发展的第三个高峰。江油中坝镇被誉为“小成都”，商贸交易异常活跃。这段时期，绵阳市境的考古遗存多见窖藏和墓葬，较为重要的窖藏宋代主要有平武龙安银器窖藏和南坝瓷器窖藏，现涪城区黄家巷银器窖藏，安县睢水和秀水的钱币窖藏，江油河西的铜器窖藏。元代有三台新西街以瓷器为主的窖藏。明代有现涪城区解放街和红星街、北川治城等地的瓷器窖藏。墓葬除明代平武王玺家族墓和现高新区永兴镇黎家院子石室墓群外，都是零星的一般墓葬。出土文物以陶、瓷、金、银、铜、铁和石刻等为主，特别是宋代三彩釉陶器、宋明金银器、元明青花瓷器和石刻等别具特色，富含历史人文魅力。

这一时期，陶器的数量大为减少，在生活中的地位大大降低，多见随葬冥器，如宋三彩和明清谷仓罐等。绵阳馆藏陶器以宋三彩和明代紫砂壶最具影响。宋三彩主要出土于涪江边的江油、绵阳、三台和安县，胎土灰白或红褐，低温铅釉，以黑、绿、黄三色为主。器形比唐三彩显得小巧工致、质朴简洁，器类以随葬冥器为主，日用器皿较少。日用器以三彩枕最具特色，多呈长方形，中间略凹，两端上翘，枕面和枕侧都刻画有人物、花卉等图案。专用随葬品主要是人物俑和动物俑，人物俑有劳作俑、文吏俑、武士俑和女俑等。还有两面人俑，前倨后恭的造型颇具意境。动物俑主要有鸡、狗、龟、龙、虎等。牛头人俑、蛇形人俑、双头蚕形人俑、美人鱼、天鸡、雷公、镇墓兽等陶塑造型别致，作为研究两宋时期道教盛行状况和丧葬习俗的重要实物资料而广受关注。绵阳馆藏 2 件明代紫砂壶出土于窖藏，皆有时大彬题名款。时大彬是明代万历时著名的制壶巧匠，2 件壶是羼砂紫泥制成、经高温烧造的陶质茶具，小巧细致，颇富人文雅韵，被视为时大彬紫砂壶的代表作。

宋代崇尚古礼，诏求古器，北宋晚期大兴仿造商周青铜器之风，绵阳、三台和江油等地多见窖藏，主要有瓶、觚、壶、盘、杯、筷、勺、尊、烛台、甗、鼎等，但器形较小，工艺较差，草率粗疏，远不及宋明金银器制作精美。

绵阳馆藏金银器时代最早的出土于汉代墓葬，器形均为手镯和戒指，素朴简单，基本没有装饰图案。1974 年和 1979 年，在现平武县古城镇先后发掘了 22 座报恩寺建造者王玺的家族墓，出土金器 129 件。金器的制作工艺主要有模压、钻刻、焊接、缠绕等，部分金器镶嵌有多种宝石，

[15] 本资料由绵阳市梓潼县文昌镇莲枝村水厂工地古代遗址发掘主持人四川省文物考古研究院李万涛先生提供。

器形有发饰、耳坠、手饰、带饰、服饰、胸佩饰、龙形饰和压胜钱等，其中 3 件金发钿的人物造型栩栩如生，动态场景生活气息浓郁，令人称绝。一件呈山峰状，长 18.8、宽 6.3 厘米，正面以楼阁庭院为背景，顶上缠枝葡萄，下部栏板雕刻云纹，周边环绕联珠纹。中部一人骑马，身后两侧各有一男侍从持扇相随，马前两侧各有一人提灯开道，马头前一人吹笙，一人起舞，两侧有乐队和侍者，或吹笛、或击鼓、或操琴、或弹琵琶、或托物品相随，近 40 人的活动场景生动形象。一件呈叶片形，长 6.6、宽 4.8 厘米，正面饰园林建筑，前有围栏，栏下饰流水及龟；后有瓦房，顶缠枝覆盖。围栏与瓦房间金丝缠绕制成 17 人组成动感十足的“上马出行图”。中间一人头戴乌纱帽、蓄长须，身着圆领长服骑于马上；其后一女性高髻，身着交领服，正被两个侍从扶着上马，其余随从或举物相随，或作送行状，精工至极。一件呈“山”字形，长 11.2、宽 8 厘米，正面围栏后两排人物，后排居中踞坐一长须老者，左手扶杖，侧立一捧果盘男侍，男侍身后一鹿回首望向老者；右侧立一捧茶盘侍女，后立一鹤，引颈向老者；两端均立一男一女侍从，女性持物，男性袖手拢于身前。前排男女侍从八人，均侧身向老者，或持物或拱手。这 3 件金发钿的人物形象和场景氛围仿佛就是王玺家族生前生活的真实写照[16]。

银器主要出土于现涪城区黄家巷窖藏[17]、平武龙安镇武庙口窖藏[18]和王玺家族墓[19]。黄家巷窖藏有“崇宁通宝”铜钱 22.5 千克，银器 35 件。银器数量虽少，但品种较多，有茶托、盘、碗、盏、壶、瓶、盆、盒、鼎和耳环等，大部分都是生活实用器。盘、盏、盒、碗等有多种折枝花卉、菊花和凤鸟等纹饰，鼎和瓶等有蟠螭纹、三角云雷纹、蕉叶纹等仿古纹饰。龙安武庙口窖藏有葵瓣盘、梅花盏等生活实用器和束发冠、花枝等饰物。银盘内底錾刻骑者出行、侍从相随，或园中漫步和闲谈的画面，饰有楼台、亭阁、树木、花草，配以诗文，诗书画融于一体，文雅恬淡的意境呼之跃出。银盏构思奇巧，把梅花枝形和器物造型相结合，形成天然花枝状。王玺家族墓出土银器 49 件，多是装饰品和小型生活用品，主要有簪、耳坠、戒指及纽扣、带饰、耳勺、牙签和粉盒等，以簪子最多，达到 26 件。形制多同于同类金器，簪子头部不同的花瓣状，戒指有葫芦形和瓜形，托周装饰联珠纹和绳纹。金器和银器的制作工艺相差无几，都比较复杂精细。银器成型工艺主要有模压、钻刻、焊接、钣接等，金器还有缠绕工艺；纹饰主要有线刻、刀刻、錾刻、压印和捶打等工艺。贴近生活的金银器制品和独具匠心的精湛工艺，反映了宋明时期民间高超的金银器制作工艺水平。

这段时期，绵阳馆藏数量最多的是瓷器，都是日常生活用品或陈设器物。宋代影青瓷和黑釉瓷，以及宋元青瓷都较为精彩，明代青花瓷器是主流。另外，还有少量的钧窑和定窑等宋元名窑产品，也有邛崃窑和广元窑等唐宋时期的地方窑口瓷器。宋代影青瓷主要发现在平武、三台和绵阳，多是碗和碟等日用器皿。胎质坚致白腻，壁薄透明，釉色青白淡雅，釉面明澈丽洁，釉里藏花，多见莲花、菊花、水波纹和云纹等印花。游仙小枧沟出土的元代龙泉窑青釉莲瓣纹碗，三台出土的宋代梅青莲瓣纹碗和元代龙泉窑豆青吉字瓶、元代粉青双耳垂环瓶等是这一时期绵阳最为精彩的青瓷器，胎质坚硬灰白，釉色青翠欲滴、温润如玉，被认为都是当时青瓷中的上品。江西宋代吉州窑生产的黑釉剪纸贴花碗出土于三台和绵阳，剪纸贴花是仅见于吉州窑的装饰风格，其“兔毫”、“油滴”、“洒釉”等窑变色斑更是黑釉瓷中的名贵品种。

绵阳馆藏最早的青花瓷器出土于三台城西牛头山下一元代窖藏。该窖藏发现于 1992 年，出土瓷、铜、铁和锡等较为完整器物 24 件，包括 2 件元代青花瓷器，即菊花纹象耳垂环瓶和缠枝

[16] 张才俊：《四川平武明王玺家族墓》，《文物》1989 年第 7 期。
[17] 绵阳市博物馆：《绵阳市出土宋代窖藏银器、钱币》，《四川考古报告集》，文物出版社，1998 年。
[18] 冯安贵：《四川平武发现两处宋代窖藏》，《文物》1991 年第 4 期。
[19] 张才俊：《四川平武明王玺家族墓》，《文物》1989 年第 7 期。

牡丹纹鼎式炉。元青花瓷器胎体白洁，釉色青白，纹饰满绘于身，多用莲瓣、蕉叶、菊花、牡丹、古钱和卷草等，象面瓶耳和虎面炉足是勇猛、剽悍的蒙古族人性格与宗教信仰的写照。经发掘者研究，这几件瓷器是元代景德镇所产的青花精品，是当时蒙古人赠送给寺庙之物，后因战乱而被僧人窖藏。

到明代，绵阳多地发现以青花瓷器为主的窖藏[20]。1973 年，在现涪城区解放街绵阳军分区基建工地发现 200 余件青花瓷器窖藏，器类有碗、罐、杯、高足杯和三足炉等，婴戏碗和云鹤杯底部分别书有“成化”和“宣德”年款。1986 年，在现涪城区红星街窖藏出土青花瓷器 351 件，器类有碗、盘、杯、高足杯、罐、瓶、盒、钵等，其中款识瓷器达到 64 件，赤壁赋碗分别书有“永乐”和“天顺”年款，杯书有“成化”年款。在三台和北川等地均发现有瓷器窖藏，多见“成化”年款，亦见“永乐”、“宣德”和“正德”等年款，器类也以碗、盘、杯等常见。除王玺家族墓外，明代一般墓葬中随葬品很少，青花瓷器仅是零星出土。王玺家族墓中青花瓷器近 70 件，类型较为单一，以盘为主，另外有少量碗、洗等。这些青花瓷器胎质大多致密洁白，釉色淡雅，纹饰有诗画山水，更多的是花卉、人物、动物、蔬菜、昆虫等现实题材，充满浓郁的民间生活气息，研究者多认为即使是明代早中期年款的瓷器，也是明代中后期的造型、胎釉、青花料和装饰特征，是民窑伪托前朝年款的明中后期青花瓷器，推测多是景德镇民窑产品[21]。

馆藏石刻以明代墓葬石刻和清代墓前碑刻为主。宋元碑刻以《颜氏干禄字书碑》和《赵府君墓碑》最为知名。前者是全国现存唯一的宋刻颜氏干禄字书碑，后者集元代三位名家文章书法于一身，具有极高的历史和艺术价值。宗教石刻以绵阳西山玉女泉出土的隋“大业六年”（610 年）纪年题记的道教石刻最为珍贵，是四川现存最早的道教摩崖造像。在绵阳地区，宋元墓葬多以石室墓为主，但石刻少见。宋代墓葬雕刻常见的是在墓门浮雕柱梁、斗拱等仿木构件造型，上部雕刻双手持斧的武士，下方裙板雕刻如意等图案，墓室壁板雕刻家具和陈设器物，笔画简单粗犷。元代墓葬极少，游仙区小枧沟镇曾发现一座元代石板墓，仅在部分构件上雕刻花卉卷草等。

在明代，石室墓发现较多，但规模大、有雕刻的极少。成规模的只有 20 世纪 70 年代平武王玺家族墓群和 2009 年高新区永兴镇黎家院子墓群，都有墓室雕刻。平武王玺家族墓和游仙区的明代兵部尚书金献民墓有墓前神道石刻，但前者保存很差。

绵阳明代一般墓葬石刻内容多是瓶花、福禄文字和麒麟、梅花鹿等瑞兽。花卉雕刻凹凸有致，质感厚重；瑞兽雕刻简洁，富有生气，最有代表性的是黎家院子墓群。黎家院子发掘 27 座墓葬，是目前绵阳乃至四川规模最大的一处明代墓群，以石室墓为主，9 号墓还发现了“明嘉靖二十八年”（1549 年）纪年。出土文物不多，以工艺粗疏的陶瓷器为主，墓室石板多雕刻涂朱的花草、瓶花、建筑装饰、居家活动和生活器皿等。

王玺家族墓和金献民墓都是官宦之家的墓葬，雕刻内容和艺术风格与普通墓葬有较大差别。不完整统计，平武王玺家族墓石刻浅浮雕 147 幅，彩绘壁画 32 幅，规模宏伟，内容丰富。雕刻彩绘有墓主、男女侍从、文官武吏、仙女飞天等人物，古铜钱、金银锭、犀角、珊瑚和玉版等珍品，灵芝、荷花、牡丹、芙蓉、芍药等瓶花，“寿”山“福”海等图语，双狮、麒麟、仙鹤等奇禽异兽，描绘了墓主人生前奢侈的世俗生活、喜好的吉祥图案和臆想的仙人天界等，堪称四川最精美的明代墓葬雕绘艺术珍品[22]。浮雕和彩绘壁画技巧熟练，比例协调，形象准确，线条流畅，变化多端；色彩以大红、朱砂、赭石、石黄、石青等矿物颜料彩绘渲染，可谓匠心独运。同时，人物的发髻、

[20] 景竹友：《三台出土元代窖藏》,《四川文物》1993 年第 6 期。

[21] 参见何志国：《试论窖藏明代年号款青花瓷器的年代和窑口》，《四川文物》2000 年第 6 期。

[22] 张才俊：《四川平武明王玺家族墓》，《文物》1989 年第 7 期。

饰物、衣帽、动作等均因身份或职责不同而相异，特别是侍立人物手中所持珍珠、珊瑚、灵芝、龟、鱼、蛋、果品、镜、衣、盒、壶、瓶、扇、书、砚及兵器，达16样之多，几乎全方位立体化地模拟出明代仕宦人家的生活场景，具有重要的历史研究和艺术鉴赏价值。金献民墓前石刻均为圆雕，现存有石马、跪羊和执剑武士等。石马刻画细腻，石羊雕刻简练，武士高大英武，气势逼人，反映出不同的石刻艺术风格。

馆藏清代石刻数量较多，都是最近十余年公安部门打击文物犯罪过程中收缴移交的石刻文物。清代墓葬流行建造墓前碑刻，俗称“花碑”，多呈仿歇山顶或庑殿顶的石质建筑，分别由屋面、盘龙柱、花板、抱鼓石、碑板等组成，主要雕刻盘龙绕柱、石狮抱鼓、戏剧人物、故事传说，以及龙凤、瑞兽、花草、挽联、碑文等，具有重要的历史和艺术价值。绵阳馆藏宋至明清时期的墓葬石刻，内容丰富，雕刻精美，是研究这段历史时期丧葬制度、社会伦理、造型艺术，以及绵阳民俗、建筑、戏剧、服饰和书画等方面的珍贵实物资料。

（五）

书画和碑帖是绵阳馆藏大宗文物之一，贯通古今，展示了蜀中山水蜀中人和绵阳深厚的自然与人文积淀。

绵阳是李白、欧阳修、文同和李调元等文化巨匠的故土，是王勃、杜甫、李商隐、陆游、杨慎等文学巨臂留恋盘桓之地，激发出古今艺术家气势磅礴的诗情画意，不断挥洒出熠熠生辉的传世之作。绵阳馆藏字画时代最早的仅到元明时期，但都为名垂青史的大家之作，如元代倪云林和明代沈周、祝枝山、仇英等。清至现代的举世名家作品则收藏颇富，如傅山、傅抱石、翁同龢、赵熙、谢无量、张大千、丰子恺、石涛、潘天寿、李苦禅、于右任、林散之、郭沫若、吴作人、沙孟海和吴冠中等，亦有诸多地方名家如张船山、孙竹篱、赵蕴玉等的作品。他们的作品风格纷呈，造诣深湛，在中国各个时代的书坛画界达到了非常高的艺术境界，具有崇高的历史地位。被时人尊为“清初第一写家”的傅山行书《左思·咏史十条屏》，笔意浓厚沉着，行笔壮观，浓淡急徐，自成一统，是难得的傅山精作。被誉为20世纪十大书法大家之一的谢无量，博古通今，书法气宇轩昂，超逸不凡，独树一帜，卓然成家，绵阳馆藏其作品当引以为豪。林散之是诗、书、画三绝震撼中外的艺坛大家，尤其草书从其审美观到形式技巧都对国内外书坛产生了巨大的影响，留存绵阳的对联和条幅见证了他对中国现代书法艺术的巨大贡献。

元代倪云林的《幽亭秀木图》表达了其不惑之年后沉郁落寞的心境。明画第一的沈周，遗留绵阳的《秋山图》当是至宝。擅写人物、山水、花鸟、楼阁和仕女的仇英，与沈周、文征明和唐寅被后世并称为“明四家”，绵阳馆藏其《亭台楼阁图》，形象秀美，神采飞动，刻画入微。傅抱石是开宗立派的一代艺术大师，人物以形求神，线条凝练劲健，绵阳馆藏《李白像》，堪称其毕生精品。受教于徐悲鸿和齐白石的李苦禅擅画大写意花鸟，馆藏《白鹭图》、《乌鸦图》继承了民族绘画优良传统，并融中西技法，阔笔写意，气势磅礴豪放，画风质朴洗练，风格独特鲜明。名冠中外的张大千，“包众体之长，兼南北二宗之富丽”，亦为绵阳留下了《太白行吟图》。吴冠中是又一位现代中国的杰出画家，他为绵阳留下的《峨眉山月思李白》，表达了对李白的崇敬和对蜀山蜀水的仰慕，具有极高的文化品格。

绵阳馆藏碑帖中，以墓碑、墓志、塔铭石刻拓本为主，另外还有汉阙、摩崖石刻和寺庙碑刻等拓本。这些碑帖的原碑出自全国各地，且有不少名碑，有的原碑早已不存。这些碑帖经过整理研究后，是补阙证史和研究文学、文字学、经学、宗教等方面的重要资料，更是研究书法艺术的珍贵资料。

（六）

绵阳自古以来就是一个多民族的大家庭。涪江上游，即平武全境，北川[23]、江油和安县等山区，历来就是绵阳藏族和氐羌民族的主要聚居区，他们创造了特色鲜明、底蕴丰厚的民族文化，留下了众多具有标本学意义的实物资料。为了更多地留住羌藏民族现代化进程中珍贵的历史记忆，绵阳博物馆近年连续开展了羌藏民族民俗文物征集工作，并且力争使其成为绵阳一大馆藏亮点和特色。

这方热土也曾是红军浴血奋战过的地方。在绵阳，红军虽然只有短短的 100 多天艰苦卓绝的战斗时间，但也留下了不少宝贵的革命遗物，如标语、钱币、条呈和枪支弹药等红军文物。在今天看来，这些珍贵的革命文物不仅丰富了绵阳的馆藏，而且还可展示红军往昔在绵阳开辟革命新天地的峥嵘岁月，再现为劳苦大众翻身求解放的艰难情景。

历史长河，浩浩荡荡，亘古涪江，滔滔不绝。今天，绵阳正站在古老绵州坚实的土地上，奋力开创更加辉煌灿烂的新篇章。

[23] 参见唐光孝：《北川羌族与平武白马藏族当前文化现象之比较》，《中华文化论坛》2005 年第 2 期；《四川北川羌族与平武白马藏族民族信仰调查及初步探讨》，《中国西南文化研究》，云南民族出版社，2007 年；《四川平武白马藏族北川羌族村寨布局与建筑形式演变研究》，《中华文化论坛》2008 年第 2 期。

绵阳发现最早的漆木器在平武响岩镇战国土坑木椁墓，但仅存痕迹。1992年发现的永兴双包山西汉木椁墓群出土漆木器数量大、种类多，是绵阳馆藏最富特色和代表性的器类之一。

这批漆木器以盘、耳杯、案、壶等日常生活用品和车、马、俑、棺木等专用随葬品为主，多有涂色和彩绘装饰，前者器形和纹饰具有楚地风韵。根据《汉书》记载以及贵州、湖南、朝鲜古乐浪郡等地出土漆器铭文，治地在今梓潼县的广汉郡是西汉生产漆器的重要工官之一。

江油云岩寺“飞天藏”所附木雕人像，是四川唯一的宋代道教人物木雕，显得尤为珍贵。

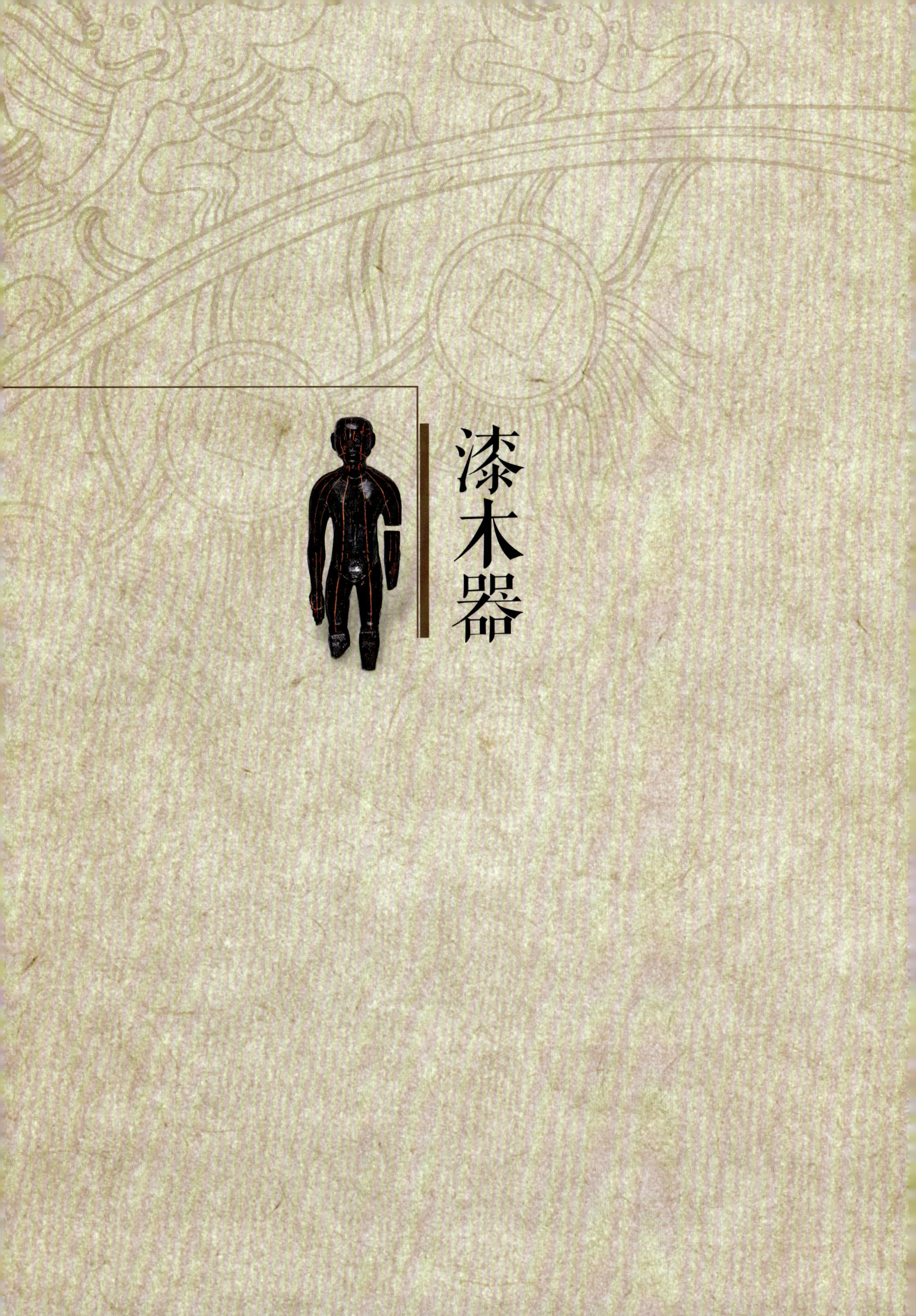

漆木器

汉代人体经脉漆木俑

高 28 厘米
1995 年绵阳市高新区永兴镇双包山 2 号西汉木椁墓出土
绵阳博物馆藏

木胎、髹漆。人像裸体直立，双手下垂，四肢略有残缺。体表绘红色线条，其中正面八条，背面五条，头部纵线五条、横线一条。据研究，这些线条应是表现的人体十二经脉。这是我国迄今发现时代最早的人体医学模型之一，有医学专家认为其价值和意义“堪与北京猿人媲美”。

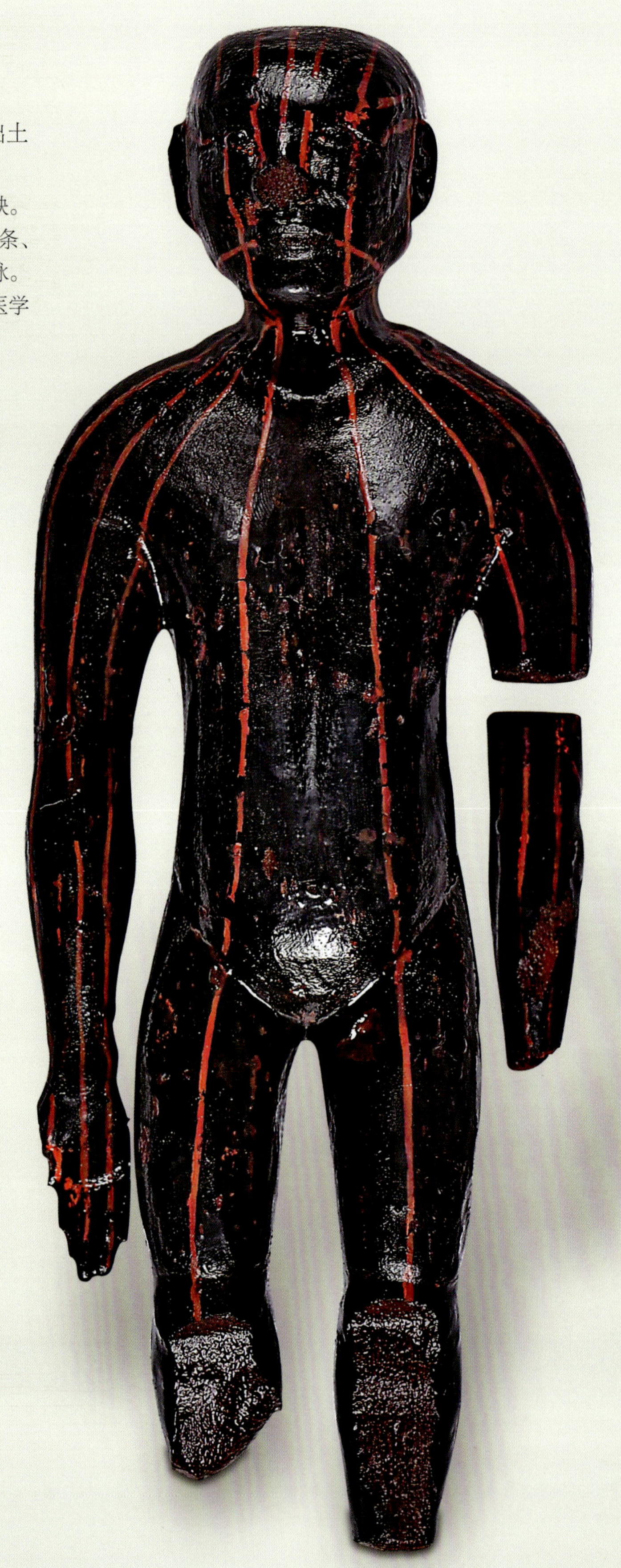

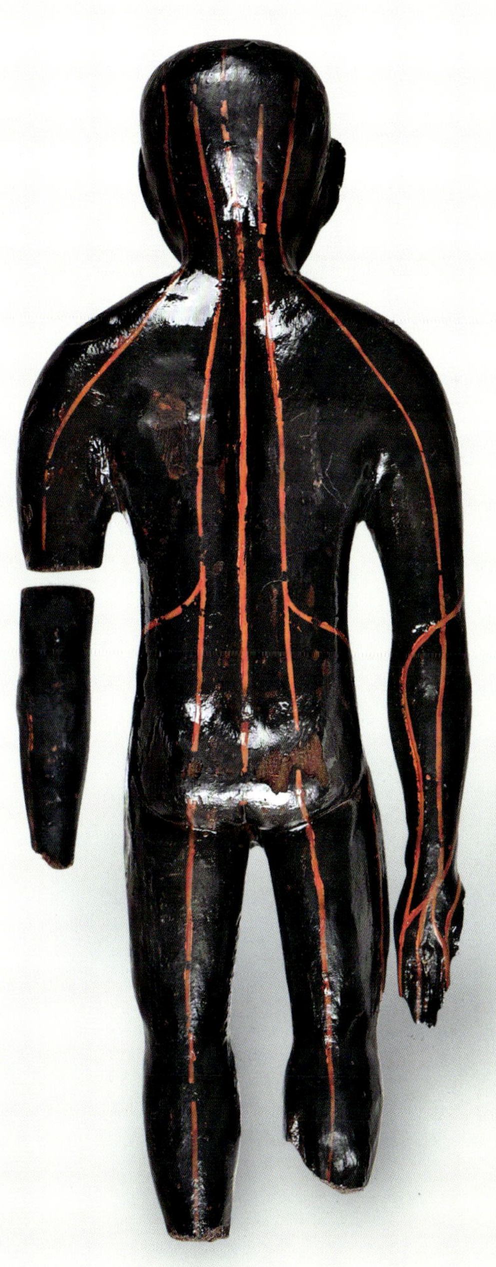

汉代木胎漆马

长 71、高 74 厘米
1995 年绵阳市高新区永兴镇双包山 2 号西汉木椁墓出土
绵阳博物馆藏

木胎，身、尾分别制作，榫卯扣合而成。马身整木雕斫而成，躯体筋肉强劲、线条硬朗，充满力量，反映了较高的圆雕艺术水平。嘴、鼻、耳和眼等部位有涂朱痕迹，后腿间有雄性生殖器。

汉代骑马木俑

漆木马长 71、高 74 厘米；骑马木俑高 50 厘米
1995 年绵阳市高新区永兴镇双包山 2 号西汉木椁墓出土
绵阳博物馆藏

马身、尾分别制作，榫卯扣合而成；马身整木雕斫而成，马尾结扎下垂。骑马俑整木斫成，头包巾裹髻，出土时骑于马背之上，尚见五官、服饰上残留有彩绘。人与马姿态稳健安详，又颇具动感。

汉代驾驭木俑

高 28 厘米
1995 年绵阳市高新区永兴镇双包山 2 号西汉木椁墓出土
绵阳博物馆藏

木雕髹漆。手、肘分作，肘部有穿，当系插手。跽坐，双目前视，两手弯曲前伸，作执握缰绳驾车状。“跽坐”，即臀部坐在小腿肚及脚后跟上，是古代一种惯常坐姿。

汉代立侍木俑

高 36.2 厘米
1992 年绵阳市高新区永兴镇双包山 1 号西汉木椁墓出土
绵阳博物馆藏

整木雕刻，木质细腻，刀法粗犷，棱角分明。头顶梳圆髻，长袍及地，稍露双脚尖，双手袖于腹部，微作恭立之态。

汉代立侍彩绘木俑

高 47 厘米
1995 年绵阳市高新区永兴镇双包山 2 号西汉木椁墓出土
绵阳博物馆藏

整木斫削，刀法简练。面部丰盈，五官清晰，下肢微曲，作恭立之状。通体施黑红白诸彩，多已剥落，尽显古朴自然之美。

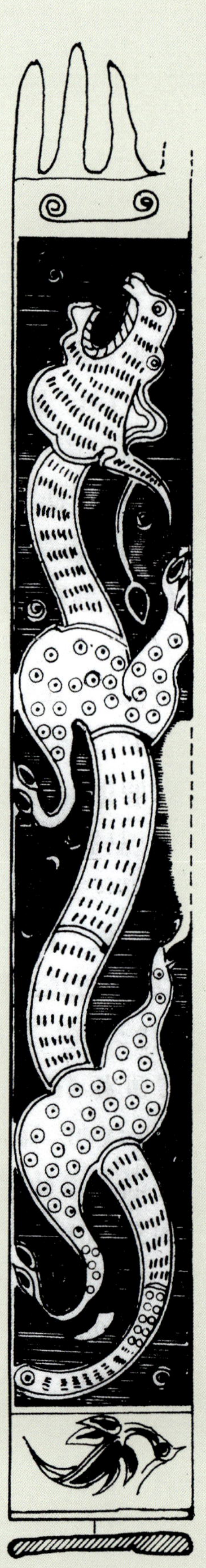

汉代龙凤纹漆竹饰件

长 24.4、宽 3.2、厚 0.2 ～ 0.35 厘米
1995 年绵阳市高新区永兴镇双包山 2 号西汉木椁墓出土
绵阳博物馆藏

长方形竹片，一端有齿。正面髹黑漆，朱绘龙凤纹、卷云纹等。纹饰精美华丽，灵动飘逸，具有强烈的装饰效果与艺术感染力。

汉代木牛

长 47、高 24 厘米
1995 年绵阳市高新区永兴镇双包山 2 号西汉木椁墓出土
绵阳博物馆藏

整木斫削，出土 30 件，大部分蹄朽残。头顶部有双圆孔，当系插角之用。据《史记·平准书》记载，秦末汉初因连年争战，致物价飞涨，“米至石万钱，马一匹则百金”，“自天子不能具钧驷，而将相或乘牛车”。汉墓中大量出土的木牛正是这种社会现象的真实写照。

汉代夹纻胎漆洗

口径 40、高 11 厘米
1992 年绵阳市高新区永兴镇双包山 1 号西汉木椁墓出土
绵阳博物馆藏

圆口圜底，腹饰对称铺首。髹漆，外黑内红，朱绘卷云纹。色彩对比强烈，线条勾勒轻松随意，画面平稳和谐且富变化。

汉代木胎漆圆奁

直径 12.6、残高 2 厘米
1995 年绵阳市高新区永兴镇双包山 2 号西汉木椁墓出土
绵阳博物馆藏

整木旋制。弧形顶，口、腹部残。髹漆，外黑内红，用朱红、暗蓝色绘变形凤鸟、云龙纹等。抽象流畅的纹饰如行云流水，表达了“气韵生动”的审美追求。

汉代木建筑模型

长 39.5、宽 27.1、高 8.7 厘米
1999 年绵阳市高新区永兴镇玉龙院村出土
绵阳博物馆藏

整木斫削。长方形底板上斫一正方形及圆锥形凹槽，前者凸出于底板，后者旁留三级台阶。造型独特，疑为建筑模型。

宋代鎏金木雕道教坐像

高 49.2 厘米
江油市文物管理所藏

原江油市窦圌山云岩寺飞天藏所附人物木雕。端坐，高帽，长方脸丰腴，眼角上挑。宽袖大袍，双带缠于乳腹间，鎏金彩饰多被刮掉。形神自如，体态潇洒，衣纹流畅。

宋代鎏金木雕道教捧笏坐像

高 46 厘米

江油市文物管理所藏

原江油市窦圌山云岩寺飞天藏所附人物木雕。端坐执笏，高帽，长方脸丰腴，眼角上挑。宽袖大袍，衣纹流畅。双手执笏于胸前，手指清晰。鎏金彩饰多被刮掉。神色淡定，状如俗官。

明代鎏金木雕道教拱手坐像

高 35 厘米

江油市文物管理所藏

原江油市窦圌山云岩寺飞天藏所附人物木雕。拱手端坐，梯形高帽，长方脸，椭圆眼。宽袖大袍，拱手于胸前，神色自若。尚存鎏金彩饰痕迹。

明代鎏金木雕道教拱手立像

高 33.8 厘米

江油市文物管理所藏

原江油市窦圌山云岩寺飞天藏所附人物木雕。拱手而立，斗形高帽，圆脸，三角眼，宽下颌。宽袖大袍，拱手于胸前，略显谦卑之状。尚存较多鎏金彩饰痕迹。

清代木斗

口长 32、口宽 31.5、底长 27.5、底宽 27、高 15.8 厘米
2014 年征集于阿坝藏族羌族自治州茂县三龙乡
绵阳博物馆藏

量器。木质，口大底小，略呈方形，近口沿处有一提手，四面中部圆圈内分别刻“市”、“合”、“正”、“斗”四字，其中“正”字旁书“戥称公平，欺侮自戾”；“斗”字旁刻“嘉庆十六年五月初八日，十八村公议”。

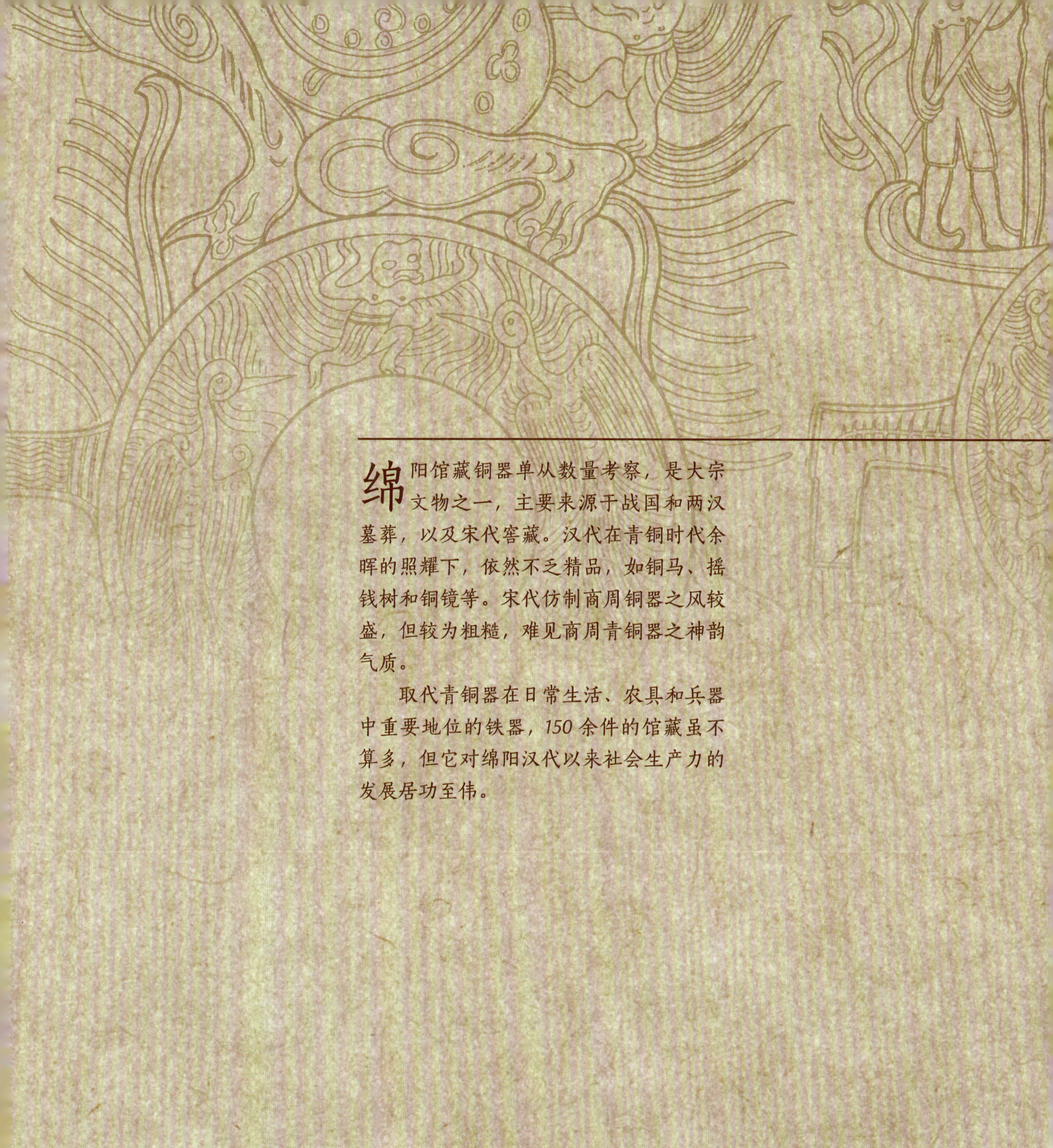

绵阳馆藏铜器单从数量考察，是大宗文物之一，主要来源于战国和两汉墓葬，以及宋代窖藏。汉代在青铜时代余晖的照耀下，依然不乏精品，如铜马、摇钱树和铜镜等。宋代仿制商周铜器之风较盛，但较为粗糙，难见商周青铜器之神韵气质。

取代青铜器在日常生活、农具和兵器中重要地位的铁器，150余件的馆藏虽不算多，但它对绵阳汉代以来社会生产力的发展居功至伟。

铜铁器

战国虎纹铜戈

长 21.7、宽 9.8 厘米
绵阳博物馆旧藏

青铜。双面刃，无胡。援上铸二长方形穿和一桃形穿，满布虎斑纹，内上铸一棱形穿和“王”字形、鸟等图案。虎斑纹无胡戈常见于巴蜀地区，表现出浓郁的地域色彩。

战国铭文铜戈

长 24.5、宽 8.8 厘米
1977 年征集
平武县文物管理所藏

青铜。长援方内，援中有脊，中胡三穿，一穿残。内上一长方形穿，旁铸阳文大篆“□伯作奔戈”五字。

战国铜剑

长 38.5、宽 4.7 厘米
绵阳博物馆旧藏

青铜。剑体呈柳叶形，剑身阴刻波浪、鱼、变形鸟、花蒂等巴蜀符号。柳叶形剑是典型的巴蜀式剑，流行于战国时期。

战国铜钺

长 16.5、宽 7.9 厘米
绵阳博物馆旧藏

青铜。平肩，弧刃，钺体两侧较直，略呈长方形。该类钺是巴蜀文化中颇具代表性的器物之一，主要流行于春秋战国时期。

战国铜剑

长 54.3 厘米
1991 年绵阳市公安部门移交
绵阳博物馆藏

青铜。无格，剑身窄长，中脊凸起，茎窄而厚，上有二穿。其形制属于中原东周式剑的一种基本形式，可能是巴蜀工匠仿制而成，体现了巴蜀文化与中原文化的交流与融合。

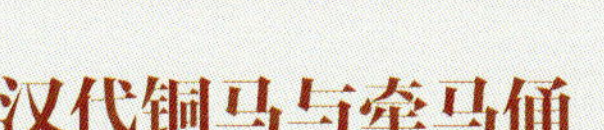

汉代铜马与牵马俑

铜马长 110、高 134 厘米；牵马俑高 68 厘米
1990 年绵阳市市中区城郊乡（现涪城区城郊乡）何家山 2 号崖墓出土
绵阳博物馆藏

铜马以头、颈、胸、腰和腿等九部分铸造，以子母口套合和钉孔连接而成，体壁厚 0.2 ～ 0.4 厘米；眼、口、鼻和腰、颈等连接处涂朱。牵马俑以两部分铸接，右臂套合于身；左手执盾，右手上抬作执缰状。马与人体量悬殊之夸张、动与静对比之生动传神，无不强调铜马内在的力量、动感和气势，充分显现出其神勇俊逸之姿。

汉代摇钱树

座高 47、通高 198 厘米
1990 年绵阳市市中区城郊乡（现涪城区城郊乡）何家山 2 号崖墓出土
绵阳博物馆藏

由陶树座和青铜树干、枝叶组成。枝叶装饰的钱纹、玉璧、神禽异兽、仙人祥瑞等图案，承载了时人祈盼富贵长生、羽化升仙等精神诉求。

汉代摇钱树

座高 52.1、通高 150 厘米
1982 年绵阳市（原县级市）石塘乡（现涪城区石塘镇）崖墓出土
绵阳博物馆藏

由陶树座和青铜树干、枝叶组成。叶片众多仙人瑞兽簇拥着主神西王母，共同构建起令人遐想翩翩的天堂盛景。而居于顶端的朱雀，或是导引人间凡人飞抵昆仑仙境、交通天地的上天使者。

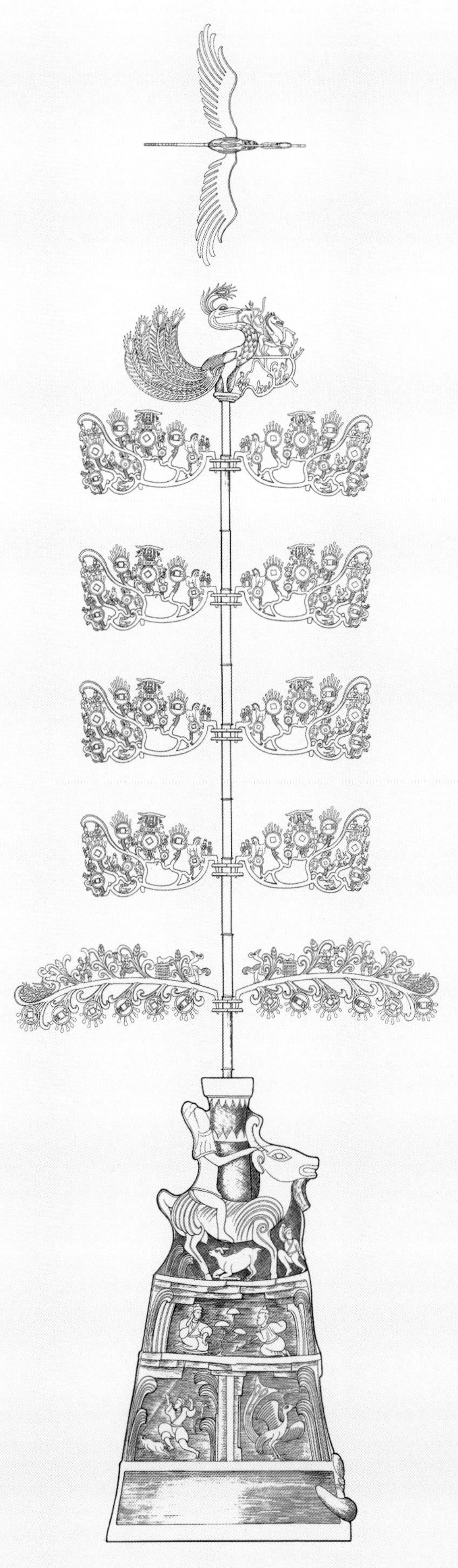

汉代铜佛像摇钱树

座高 57.5、通高 163 厘米
1989 年绵阳市市中区城郊乡（现涪城区城郊乡）何家山 1 号崖墓出土
绵阳博物馆藏

由陶树座和青铜树干、枝叶组成。最具特色的是树干上铸有五尊佛像，每尊高 6 厘米。佛像头顶肉髻，头后椭圆形背光。右手掌心向外，施无畏印；左手掌握衣角，结跏趺坐。该佛像对研究中国佛教艺术的起源和传播具有重要价值。

汉代摇钱树

座高 56.5、通高 147 厘米
2000 年安县公安局清泉派出所移交
安县文物管理所藏

由陶树座和青铜树干、枝叶组成。树座、树身满饰狩猎、仙人捣药、骑羊、龙、佛像、朱雀、璧等图案。所悬挂之猴，或侧身单脚独立，左手向前，右手上举；或作蹲姿，伸手摸头，灵动活泼，甚是可爱。

从上至下：第一排为涪城区石塘镇崖墓出土摇钱树叶片线图，其余为涪城区城郊乡何家山 1 号崖墓出土摇钱树叶片线图。

汉代铜熨斗

口径 30.5、底径 20、高 12.6 厘米
1998 年绵阳市高新区普明街道办事处白虎嘴崖墓出土
绵阳博物馆藏

青铜。弧腹，平底，腹部对置一长柄和小环耳。柄略呈长方体，柄尾渐粗，腹部饰六组凹凸弦纹。器体厚重，造型大而简洁。

汉代带盖提梁铜壶

口径 13.6、腹径 30、足径 16、高 36 厘米
绵阳博物馆旧藏

青铜。带盖，长颈，球形腹，高圈足外撇。肩部置对称铺首衔环双耳，耳内套一链形提梁，肩腹部饰数周凸弦纹。造型规整，大方美观，乃是汉代壶中上乘之作。

汉代蒜头铜壶

口径 3.5、腹径 25.2、足径 15.7、高 35 厘米
1999 年绵阳市高新区永兴镇王家包西汉木椁墓出土
绵阳博物馆藏

青铜。圆形，蒜头状口，颈中部饰一周凸起的宽带，其上一凸棱，颈下部系一细麻绳。

汉代蒜头铜扁壶

口径 3.5、腹径 31、足径 14.5、高 27.5 厘米
1979 年绵阳市（原县级市）开元场（现游仙区开元场）
龟山原 208 厂基建工地出土
绵阳博物馆藏

青铜。蒜头状口，方形圈足，器身呈扁圆形。通体素面，唯两侧从肩部至近足处凸起一宽带，上置对称铺首衔环双耳。

汉代带盖铜壶

口径 12.5、腹径 24、足径 19、高 29 厘米
1975 年绵阳县开元公社六大队（现游仙区涪江街道办事处辖区）出土
绵阳博物馆藏

青铜。盖似覆盘，边缘伸出双耳，其内各衔一圆环。高圈足外撇，微呈八边形，腹部置对称兽头铺首衔环双耳，肩、腹部均饰多周凹凸弦纹。

汉代双耳铜釜

口径 31.6、高 26.8 厘米
绵阳博物馆旧藏

青铜。圆腹，圜底，颈置对称环耳，腹部饰三周凸弦纹。

汉代“青羊”铭文神兽铜镜

直径 9.4、缘厚 0.7 厘米
1996 年绵阳市游仙区白蝉乡朱家梁子 1 号崖墓出土
绵阳博物馆藏

青铜，黑漆古。圆形钮座，圆钮。内区浮雕相对的二神兽，张口露齿，右龙左虎。二兽尾间隶书“青羊”二字。外区为一周短直线纹。缘上有两周纹饰，内为锯齿纹，外为双线波折纹。

汉代龙虎铭文铜镜

直径 11.4、缘厚 0.45 厘米
1987 年征集
绵阳博物馆藏

青铜，黑漆古。圆形钮座，圆钮。内区浮雕龙、虎各一，夹钮相对，龙虎下端有一神兽。其外为一周铭文：“铜槃作，大毋伤，巧工刻之成文章。左龙右虎辟不羊（祥），朱鸟玄武顺阴阳。子孙备具居中央，长保。”之外依次为短直线纹、锯齿纹、双线波折纹。

汉代仙人神兽铭文铜镜

直径 18.5、缘厚 0.5 厘米
1989 年绵阳市市中区城郊乡（现涪城区城郊乡）何家山 1 号崖墓出土
绵阳博物馆藏

青铜，黑漆古。圆形钮座，圆钮。钮座外重列三层浮雕图案，上层为华盖仙人，中层为东王公和西王母，分别踞坐于祥云之上的双兽和龙虎背上，下层为神树羽人。浮雕外一周铭文："余造明镜，九子仿容，翠羽秘盖，灵鹅台杠，调（雕）刻神圣，西母东王，尧帝赐舜二女，天下泰（太）平，风雨时节，五谷孰（熟）成，其相命长。"之外为短直线纹，再外为连续卷云纹，最外为宽素缘。

汉代柿蒂纹铜镜

直径 12.1、缘厚 0.3 厘米
2001 年绵阳市高新区河边镇白沙包崖墓出土
绵阳博物馆藏

青铜。圆形钮座，圆钮。钮座外饰四个相连柿蒂纹，其外依次为四组变形兽纹、连弧纹、凹弦纹。

三国曹魏铭文纪年铜弩机

长 15、宽 4、高 12.5 厘米
1976 年江油县河西乡普照村（现江油市太平镇普照村）出土
江油市文物管理所藏

青铜。郭呈长方形，上装望山，郭内夹牙，牙下安悬刀，郭身有二穿。郭面及左右两侧分别刻有“景初二年二月一日左尚方造骑□□□监作吏苏夏司马张□翩阵王客阵□□”、“王册四”、“牛三”、“三百卌八”等铭文。

六朝铜镳斗

口径 14 ~ 19、长 38 ~ 41、高 14 ~ 17 厘米

左一、左二，1984 年绵阳市（原县级市）城郊乡（现涪城区城郊乡）西山崖墓出土；右一，绵阳博物馆旧藏；右二，1978 年绵阳市（原县级市）石塘乡（现涪城区石塘镇）出土

绵阳博物馆藏

青铜。盆身平底，凹槽状长流，长扁平状折柄斜向上。其竹节形高兽蹄足最具特色，既实用，也具有强烈的审美功能。镳斗，温煮之器，始见于汉代，盛行于六朝，至唐代渐趋消亡。

唐代葵花铜镜

直径 20 厘米
江油市文物管理所旧藏

青铜。六出葵花形，花瓣形钮座，圆钮。镜面主题纹饰为两种花卉各三朵，散点配置。一组为六瓣荷花，一组中心为一朵盛开的小荷花，周配以六朵盛开的喇叭形花，整个造型似一朵绽芭吐芬的大花。

唐代瑞兽葡萄纹铜镜

直径 11.6 厘米
绵阳博物馆旧藏

青铜。无钮座，伏兽钮。镜背高浮雕神兽、飞鸟与葡萄枝蔓，鸟飞兽跑，果实丰硕，整个画面活泼生动且富于变化，极具时代特色。

宋代葵花凤凰纹铜镜

直径 11.1 厘米
绵阳博物馆旧藏

青铜。葵花形，无钮和钮座。镜背饰展翅飞翔的凤凰，镜缘下方有一楷体“石”字，疑为镜主或制作者之姓。

宋代带柄仙人铜镜

直径 11.5 厘米

绵阳博物馆旧藏

青铜。圆形。一仙人端坐松树下，头上光环闪烁；旁一侍者衣带飘舞，手捧一物，其下一鹤一龟。整个画面充溢着一股仙风道骨之气。

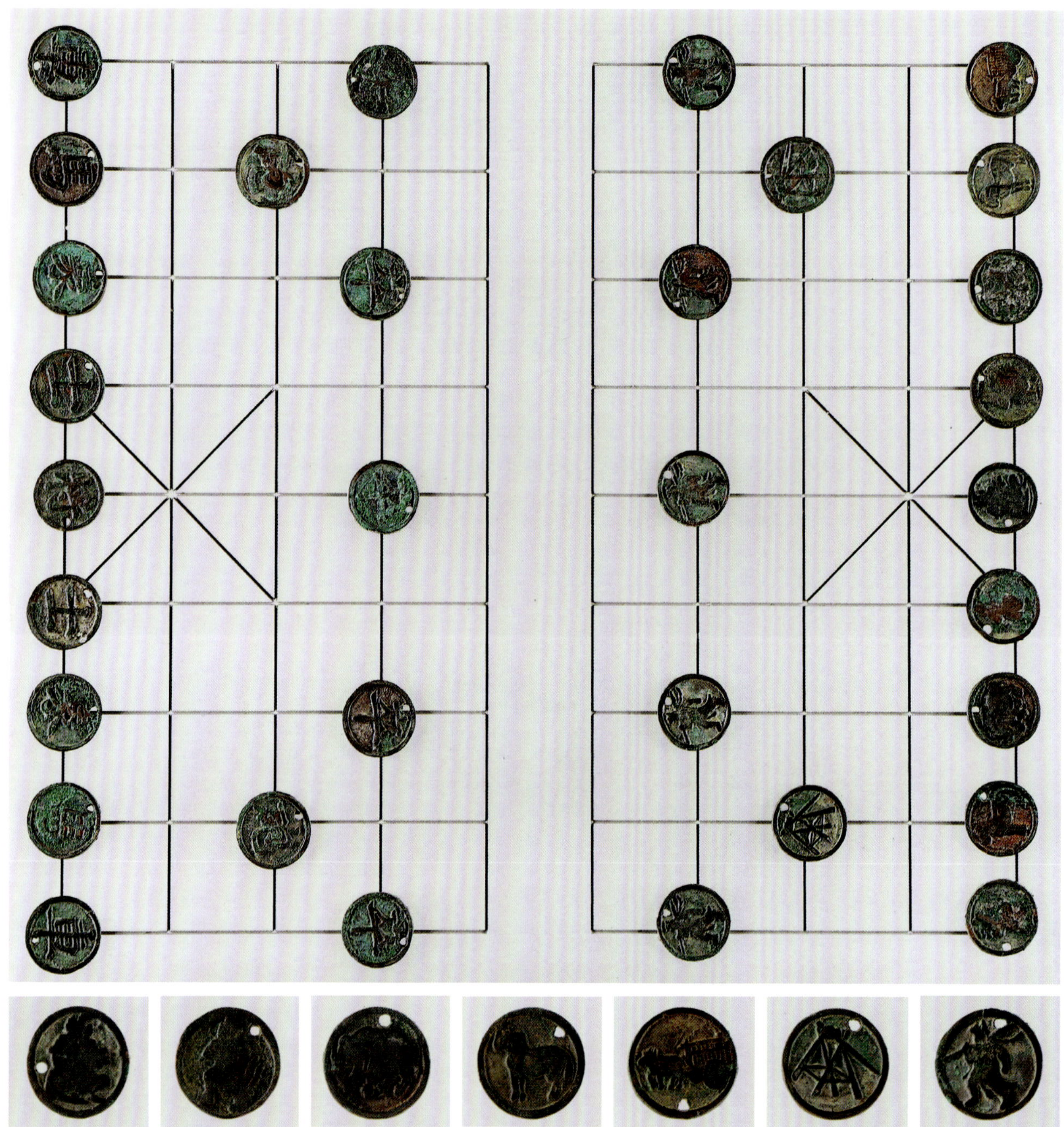

宋代铜象棋

每枚直径 2.5、厚 0.2 厘米
1983 年江油县彰明镇（现江油市彰明镇）北街出土
江油市文物管理所藏

青铜。棋子圆板状，32 枚。正面阳刻楷体“将、士、象、马、車、砲、卒”，背面阳刻相应图像，即“将军、武士、大象、马、车马、抛石机、扛枪佩剑小卒”。美观精致，化抽象为具象，增添了博弈的趣味性。

宋代铜瓶

口径 4.6、足径 7.5、高 17.8 厘米
绵阳博物馆旧藏

青铜。细颈，圆腹，六棱形镂空圈足。颈、肩、腹、足部饰龙纹、蕉叶纹、卷云纹、变体水涛纹等图案。修长秀美的瓶身配以精美细腻的纹饰，优雅而不失古朴。

明代鎏金铜观音

高 17.3 厘米
1986 年征集
平武县文物管理所藏

铜质鎏金。着高髻，头戴宝冠，上身戴项圈等佩饰。双手分执纺锤形和铃形法器，掌心向上交叉于胸前，结跏趺坐于莲座之上。观音是慈悲和智慧的象征，是阿弥陀佛身边的胁侍菩萨。阿弥陀佛、观世音菩萨与大势至菩萨并称“西方三圣”。

明代鎏金铜喇嘛

高 16.3 厘米
1986 年征集
平武县文物管理所藏

铜质鎏金。头戴宽檐圆帽，面相狰狞。右手举纺锤形法器骑于马背之上，马低头作奔走状。帽檐、马鞍等处均分别雕刻圆圈纹、几何纹和花朵纹等纹饰，刻画细腻，工艺精湛。

明代老子骑牛铜像

宽 28、高 35 厘米
三台县文物管理所旧藏

青铜，模制，人、牛分铸。铜牛四肢并立，侧首而顾。牛背上坐一老者，通身鎏金，束冠，长眉高鼻，面带微笑，背一葫芦，一派仙风道骨之像，似道家宗师老子。人物表情生动，似在阔谈讲道。

清代欢喜铜佛像

高 29 厘米
1991 年绵阳市公安部门移交
绵阳博物馆藏

青铜。藏传密宗一尊双佛，即明王和明妃。双佛裸身相拥而坐，明王高大魁伟，明妃身姿婀娜，一刚一柔，表达出阴阳相济、男女双修的意境。欢喜佛是印度密教与西藏当地信仰结合的藏传密宗的本尊神，代表法的男身与代表智慧的女身紧密相拥，表示法与智慧双成，相合为一人，喻示法界智慧无穷。

清代景泰蓝铜瓶

口径 4.7、足径 5.1、高 16.6 厘米
安县文物管理所旧藏

铜胎。束颈，喇叭形足，器表为景泰蓝工艺。通体绘云朵纹、连枝花卉纹、鱼鳞纹。纹饰精美明丽，黑地彩花，沉稳端庄而明朗活泼，掐丝整齐匀称，造型古朴典雅，是难得一见的艺术之珍。

清代铜胎花瓶

口径 8.3、足径 8、高 30.7 厘米
安县文物管理所旧藏

铜胎。深直腹，圈足。外壁施翠绿彩，腹部彩绘桃花，简洁雅致，清丽明媚。

近代铜号

长 40.4 厘米
1987 年绵阳市川剧团移交
绵阳博物馆藏

藏族乐器。长锥筒形，体轻而薄，中部紧套一镂空卷云纹和连枝花卉装饰物，尾端一侧饰镂空卷叶形纹，另一侧卯接葵形纹，其上一珥，系有黄色背绳和桃红色吊坠。

汉代龙首柄铁镳斗

口径 15、长 27.5、高 18.5 厘米
1998 年绵阳市高新区普明街道办事处白虎嘴崖墓出土
绵阳博物馆藏

铁质。圆口，平底，龙首曲柄，圆形兽蹄足。以龙作为镳斗之柄，可能已淡化了龙的神圣意义，更多的只是作为一种装饰。

汉代环首铁刀

从左至右：长 114.5、宽 3.3、厚 1.1 厘米；长 95.6、带鞘宽 5.5、带鞘厚 2.7 厘米；长 69.9、刀身宽 3.2、刀身厚 0.85 厘米

从左至右：1990 年绵阳市市中区城郊乡（现涪城区城郊乡）何家山 2 号崖墓出土；2014 年征集；1997 年绵阳市公安部门移交

绵阳博物馆藏

铁质。环首。左，刀身狭长，刃线清晰，背部厚而坚韧；中，直刃长身，单面开刃，刀身残存三段包裹铜皮和少量木质痕迹；右，刀身较短，上套四个铜环，刀尖包裹铜皮。铜皮铜环，当为刀鞘之残留。环首铁刀是汉代杀伤力最强的近身格斗冷兵器。

汉代铁钩镶

长 49.8、宽 11.5 厘米
1999 年绵阳市游仙区小枧沟镇白云洞崖墓出土
绵阳博物馆藏

铁质。似盾，长方形手柄，上端一长钩，正面和下端各伸出一方锥体。钩镶，是主要流行于汉代的一种集钩束、防御、推刺三种功能为一体的铁制复合兵器。

汉代铁提梁三足熏炉

高 46 厘米
2010 年绵阳市公安局高新区分局普明派出所移交
绵阳博物馆藏

铁质。炉体腹壁镂空，近口沿处置两两对称四环耳，耳内套一链形提梁，炉体底部和三足底盘相连。此炉镂空碗状物，当为放置香料之用，余烬通过镂孔漏入下部实心盘内。巧妙的设计和复杂镂空的造型，反映了当时蜀地的冶铁铸造技术已达到相当高的工艺水平。

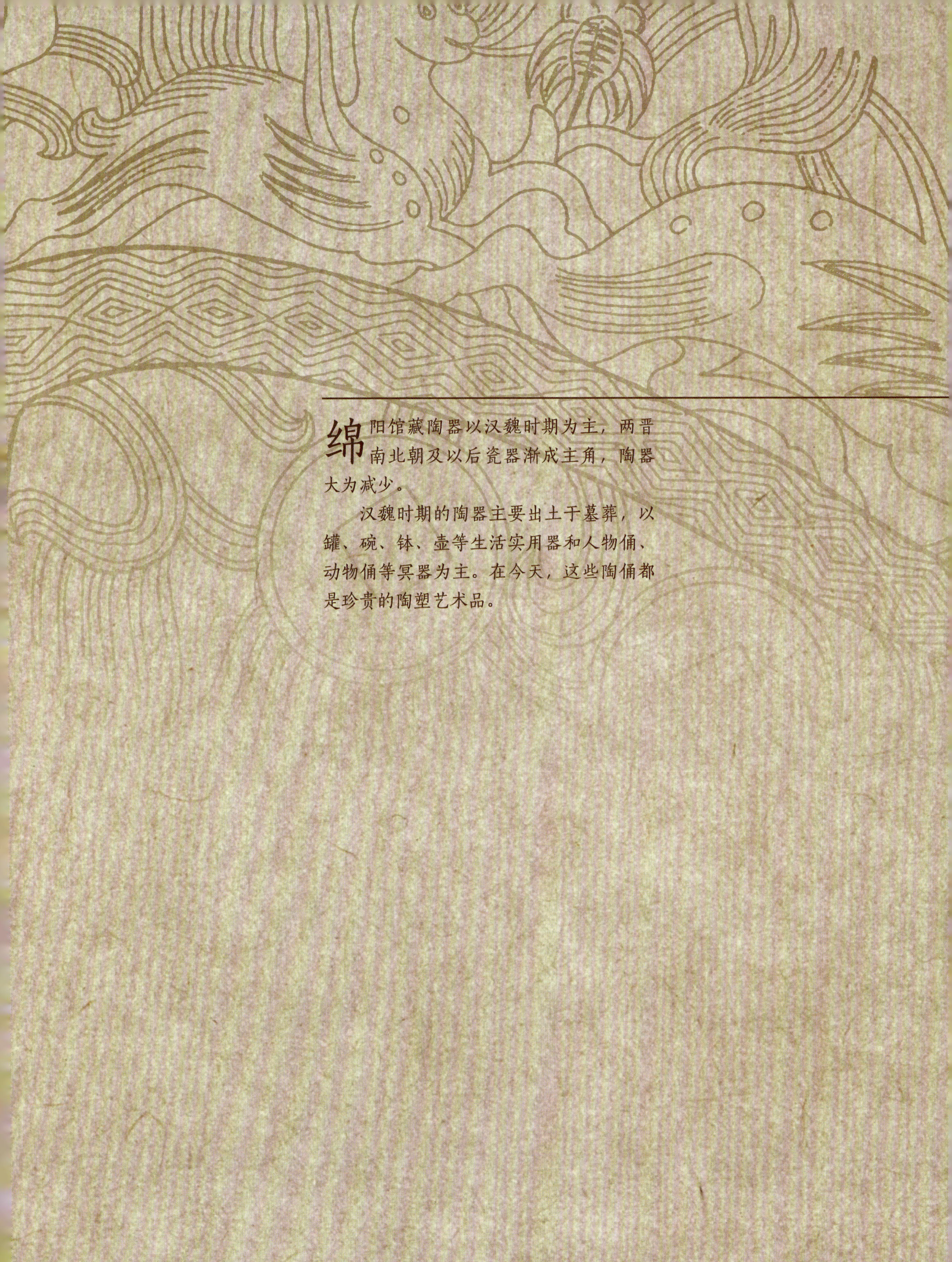

绵阳馆藏陶器以汉魏时期为主，两晋南北朝及以后瓷器渐成主角，陶器大为减少。

汉魏时期的陶器主要出土于墓葬，以罐、碗、钵、壶等生活实用器和人物俑、动物俑等冥器为主。在今天，这些陶俑都是珍贵的陶塑艺术品。

陶器

汉代彩绘陶俑

高 37 厘米
1995 年绵阳市高新区永兴镇双包山 2 号西汉木椁墓出土
绵阳博物馆藏

泥质灰陶，模制。站姿，长发中分，颈部束髻，身穿鱼尾长裙，双手袖于腹前。身形纤秀苗条，神态安详谦恭。

汉代说唱陶俑

高 58 厘米
1986 年绵阳市市中区河边乡（现高新区河边镇）白沙包崖墓出土
绵阳博物馆藏

泥质红陶，模制。头扎巾帻，袒胸露腹，着裤赤脚。耸肩缩颈，张嘴吐舌，笑容可掬；上身前倾，错步扭胯，双手捧腹。夸张的表情，诙谐的动作，惟妙惟肖地表现了汉代说唱艺人的生动形象，是一件富有浓厚民间气息和川西地方特色的汉代陶塑杰作。

汉代舞蹈陶俑

高 53.8 厘米
1990 年绵阳市市中区城郊乡（现涪城区城郊乡）何家山 2 号崖墓出土
绵阳博物馆藏

泥质红陶，模制。面部丰满，束高发髻，右手自然上举，左手提裙，左脚略上抬，挥袖起舞。舞姿优美，身段轻灵，似乎正穿越千年向我们展现一段早已消逝的旷美之舞。

汉代插花陶俑

高 50.3 厘米
1998 年绵阳市公安部门移交
绵阳博物馆藏

泥质红陶，模制。头梳高髻，簪花三朵，左手上扬，右手扶膝，左腿前有一小人作舞蹈状。

汉代彩绘抚琴陶俑

高 34.5 厘米
1974 年三台县永安电厂崖墓出土
三台县文物管理所藏

泥质红陶，模制。坐姿，膝上置琴，双手作抚琴状。通体施彩，面部黑、白、红三种迥异色彩亮丽鲜明，尽显稚拙和朴素简洁之美。

汉代捧笙陶俑

高 26.7 厘米
1999 年绵阳市游仙区小枧沟镇白云洞崖墓出土
绵阳博物馆藏

泥质灰陶，模制。头戴冠，着交襟长袍，跽坐，双手捧笙靠于左肩，神情怡然自得。

汉代抚耳陶俑

高 38.5 厘米
1992 年绵阳市高新区河边镇白沙包崖墓出土
绵阳博物馆藏

泥质红陶，模制。头略仰，右手放膝，身向左倾，左手摸左耳，似在倾听或吟唱，神情颇为专注。

汉代庖厨陶俑

高 39 厘米

1987 年绵阳市市中区城郊乡（现涪城区城郊乡）大包梁崖墓出土

绵阳博物馆藏

泥质红陶，模、塑合制。跽坐，双腿间置一条形案，左手按案上之鱼，右手曲于胸部，作脍鱼之状。目视前方，面带微笑，显示出厨艺的熟稔。这是“力刀之任，庖人是司”的形象写照，为研究当时的饮食习俗提供了重要的实物资料。

汉代陶侍俑

高：从左至右 28.6、27.8、35.7、27.1、27.5 厘米

左一，1998 年绵阳市高新区普明街道办事处白虎嘴崖墓出土；其余，1990 年绵阳市市中区城郊乡（现涪城区城郊乡）何家山 2 号崖墓出土

绵阳博物馆藏

左一为泥质灰陶，其余为泥质红陶，皆模制。侍俑皆作侍立状，但手上动作各不相同，或袖手于腹前，或垂手于身两侧，或双手交合、拇指相对于胸，或一手曲于腰部，一手放于身侧。这些细微的动作差异可能反映了汉代不同场合的不同礼仪要求，同时，也显示了汉代陶塑艺人对生活细致入微的观察及精熟的形象塑造能力。

汉代提罐陶女俑

高 67 厘米

1991 年绵阳市市中区河边乡（现高新区河边镇）白沙包崖墓出土

绵阳博物馆藏

泥质红陶，模制。头梳高髻，脸部清瘦，双手各提一小罐。虽负重于身，却面露微笑，生动地刻画出一位热爱生活的劳动妇女形象。

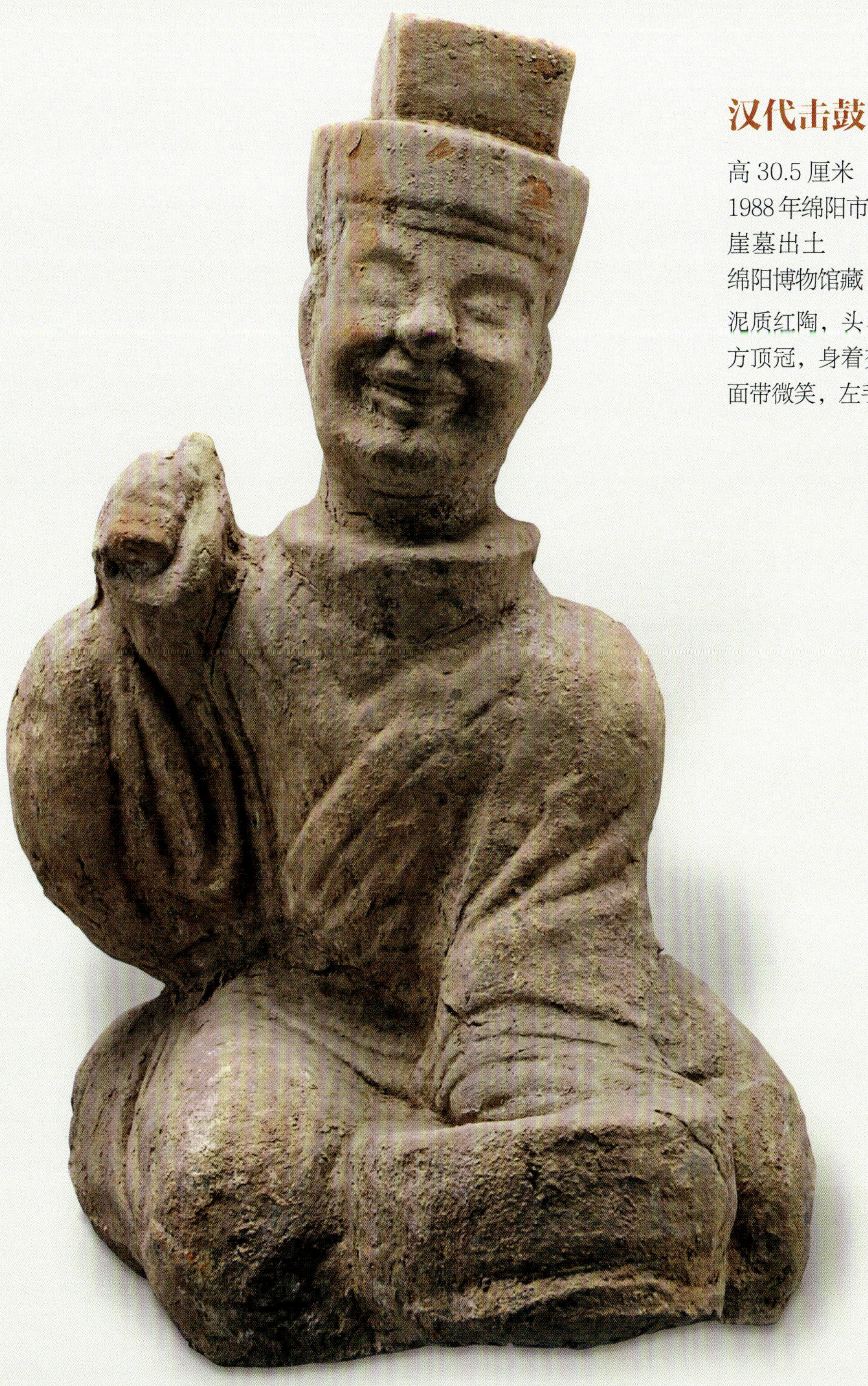

汉代击鼓陶俑

高 30.5 厘米
1988 年绵阳市市中区观太乡(现游仙区观太乡)崖墓出土
绵阳博物馆藏

泥质红陶，头、身分别模制，套合成型。头戴方顶冠，身着交襟袍，腿间置鼓。目视前方，面带微笑，左手扶鼓，右手高举作击打状。

汉代劳作陶俑

高：从左至右 32.8、14.2、15、15、16、15.8、17.3 厘米

左一，1992 年绵阳市高新区河边镇白沙包崖墓出土；左二，1992 年绵阳市游仙区石板镇崖墓出土；左三，1988 年原绵阳市文物管理所移交；左四、右三，1993 年绵阳市公安部门移交；右一、右二，1999 年绵阳市游仙区小枧沟镇白云洞崖墓出土

绵阳博物馆藏

左二、左三为泥质灰陶，其余为泥质红陶，皆模制。7 件陶俑或执锸，或握镰，或提罐，或牵马，或击鼓……各司其职，既反映了汉代农耕劳动分工之明细，也表现出耕作者辛勤劳作之形象。

汉代西王母神兽陶灯

宽 34～52、高 77 厘米
1988 年绵阳市市中区观太乡（现游仙区观太乡）崖墓出土
绵阳博物馆藏

泥质红陶，模制。似由上、中、下三部分构成。下部最下面为猪，猪背上疑似一头熊上肢双双向上托举，熊上有两人，熊两侧各有一骑羊人，伸手托举一灯盘；中部上方为西王母端坐龙虎座，两侧各立一人，均一手持袋状物，一手向外伸出（手残）；其下为三足乌和九尾狐，再下为天门及门吏，天门两侧各有一人身兽首造型，伸出的手上托举一个灯盘；上部缺失。在四川汉代墓葬艺术中，这种西王母、天门、神兽题材常有所见，反映了人们幻想升天的美好愿望。

汉代西王母陶灯

底长 16.8、底宽 8.8、高 23.5 厘米
1989 年三台县新德镇崖墓出土
三台县文物管理所藏

泥质褐陶，模制。上部为西王母端坐龙虎座，下部为天门及护门吏，天门两侧各一猴。西王母头顶和龙、虎头顶及左右两侧猴头顶部皆平置灯盏，灯盏已佚。

汉代虎形辟邪陶器座

长 24.4、高 17.5 厘米
1993 年绵阳市公安部门移交
绵阳博物馆藏

泥质红陶，模制。虎形，呈奔跑状，形态凶猛；背部一较大圆孔，似作插物之用。

汉代陶鹅

长 33.5、高 12 厘米
2001 年绵阳市高新区河边镇白沙包崖墓出土
绵阳博物馆藏

泥质红陶，模制。俯身，长颈前伸，嘴微张，似闻“嘎嘎”之声。塑型简洁，形神兼备，尽显古拙灵动之风。

汉代陶子母鸡

长 18.3、高 11.5 厘米
1998 年绵阳市公安部门移交
绵阳博物馆藏

泥质红陶，模制。母鸡呈卧姿，胸前一子鸡，微露其头；背上亦卧一子鸡，母鸡回首，子鸡昂头，两嘴相对，似正在喂食，舐犊之情呼之欲出。造型别致、生动乖巧。

汉代陶鸡

左，长 36.5、高 36.9 厘米；右，长 23.7、高 25 厘米
左，1990 年绵阳市市中区城郊乡（现涪城区城郊乡）何家山 2 号崖墓出土；右，1987 年绵阳市市中区杨家镇（现涪城区杨家镇）崖墓出土
绵阳博物馆藏

皆泥质红陶，模制。公鸡体大雄壮，一副威武昂扬之势；母鸡体形娇小，头微向下，一副驯良温顺之态。

汉代卧姿陶狗

长 35.5、高 17.2 厘米
1998 年绵阳市高新区普明街道办事处白虎嘴崖墓出土
绵阳博物馆藏

泥质红陶，模制。卧姿，侧头右顾，似在小憩，放松仍不失警惕之状。形象逼真，活灵活现，充满了浓郁的生活气息。

汉代站姿陶狗

长 35.5、高 32 厘米
1987 年绵阳市市中区杨家镇（现涪城区杨家镇）崖墓出土
绵阳博物馆藏

泥质红陶，模制。站姿，龇牙咧嘴作吠状，颈部项圈、铃铛与粗索的细节处理，更增栩栩如生之貌。

汉代陶猪

长 40.5、高 25 厘米
1990 年绵阳市市中区城郊乡（现涪城区城郊乡）何家山
2 号崖墓出土
绵阳博物馆藏

泥质灰陶，模制。站姿，体形健硕，低头，嘴前伸上翘，脊上鬃毛高耸与尾相连。头、颈部以阴线刻表现其细部，细腻逼真。

汉代陶马头

高 39 厘米
1986 年绵阳市市中区河边乡（现高新区河边镇）九龙山崖墓出土
绵阳博物馆藏

泥质红陶，模制。头略向下，张嘴作低嘶长鸣之状。写实的面庞造型洗练、轮廓刚健，极富阳刚硬朗的艺术风格。

汉代铜盖陶罐

口径 13、底径 17、腹径 26.2、罐高 21.7、连盖通 34.4 厘米
1990 年绵阳市市中区城郊乡（现涪城区城郊乡）何家山 2 号崖墓出土
绵阳博物馆藏

盖为青铜质，罐为夹砂灰陶。盖呈覆钵形，钮为朱雀形，朱雀傲然而立。罐深腹、平底，肩腹饰锯齿纹和凹弦纹。

汉代带盖陶罐

口径 19.6、底径 16、高 31.5 厘米
1990 年绵阳市天然气公司材料仓库崖墓出土
绵阳博物馆藏

泥质灰陶。覆钵形盖，圆饼形钮。罐圆腹、平底，肩至腹饰凹弦纹、菱形纹与绳纹，菱形纹中心饰四出花瓣纹。

汉代双耳三足陶釜

口径 16.2、高 10.6 厘米
1994 年绵阳市涪城区东街新华彩印厂基建工地砖室墓出土
绵阳博物馆藏

泥质褐陶。鼓腹，圜底，三矮柱足，沿上置对称辫索纹环耳。素面，通体施釉，虽多剥落，但绿意晶莹盎然。

汉代龟形陶摇钱树座

高 32.5 厘米
1994 年三台县公安局永明镇派出所移交
三台县文物管理所藏

泥质红陶，模制。龟形。龟，是长寿的动物，反映人们求应长生不老之心。龟伏于荷叶之上，龟背向上顺延成插摇钱树之圆柱，整个树座造型颇得自然之精髓，毫无造作之气。

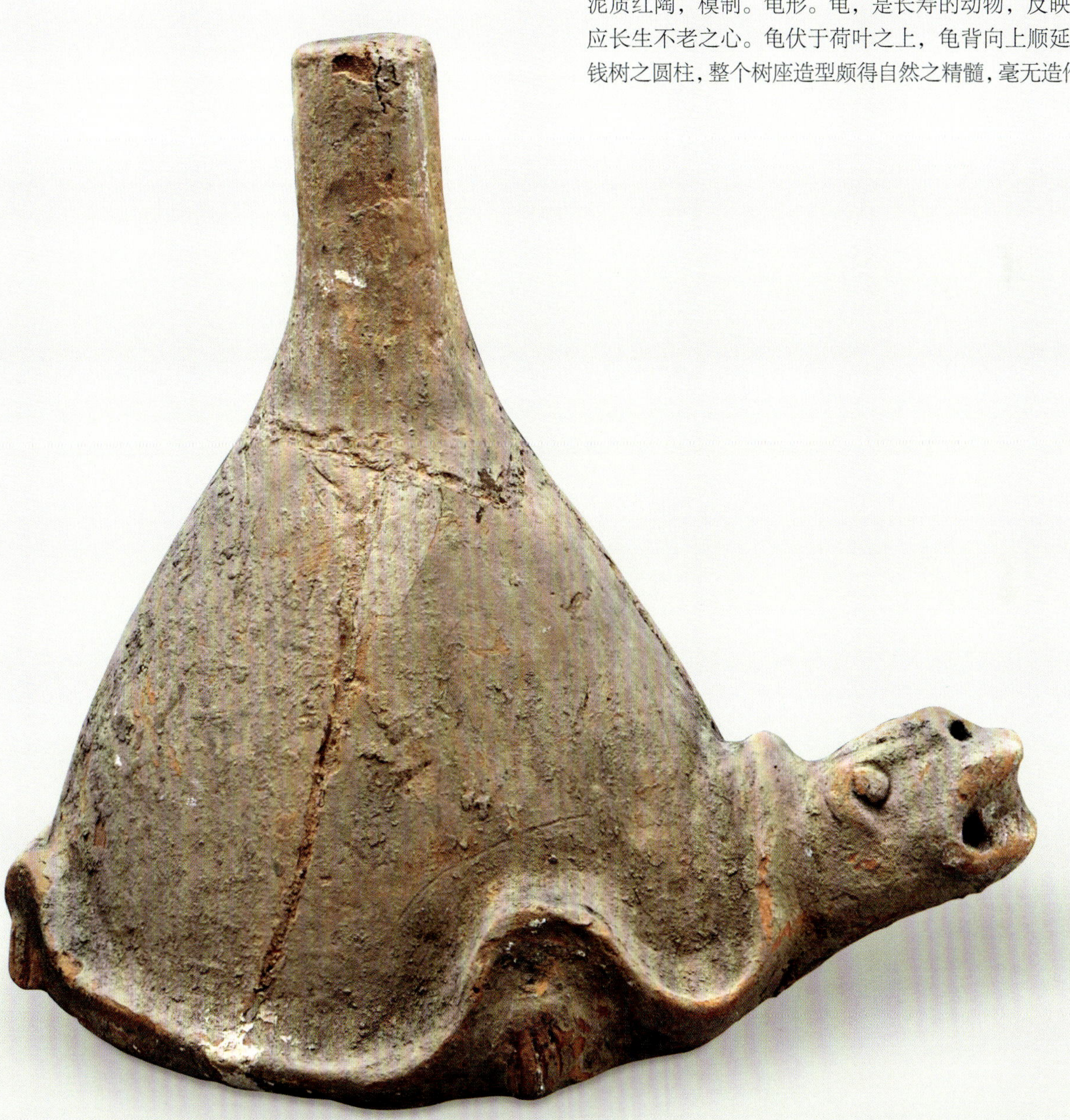

汉代神兽陶摇钱树座

高 39 厘米
1992 年绵阳市公安局刑警支队移交
绵阳博物馆藏

泥质红陶，模制。山形。浮雕一瑞兽张口半卧于波涛之上，口内含一小蛇，前爪抓住蛇身。兽背立一蟾蜍状中空短柱，作插摇钱树干之用。

汉代陶水田

长 35.8、宽 26.4 厘米
1992 年绵阳市高新区河边镇白沙包崖墓出土
绵阳博物馆藏

泥质红陶，模制。长方形，中间以泥片间隔作水闸，内置鱼、青蛙和乌龟等水产养殖类动物。

汉代陶井

宽 16、高 31 厘米
1992 年绵阳市公安部门移交
绵阳博物馆藏

夹砂红陶，模制。井呈长方体，平底，圆形井口，井架微呈梯形，中部横挡上挂一圆环。是研究汉代筑井技术及时人生产生活的宝贵资料。

汉代彩绘陶房

长 38.9、宽 12.7、高 34.8 厘米
1983 年三台县灵兴镇崖墓出土
三台县文物管理所藏

泥质红陶，模制。长方形，房顶为三脊平顶式，宽额檐，中部为斗拱。原通体彩绘，现只存房额檐上帐幔及斗拱两侧房门，余者多已模糊不清。

六朝提桶陶小女俑

高 12.5 厘米
1986 年三台县潼川镇砖瓦厂出土
三台县文物管理所藏

泥质红陶，捏制。小女俑头戴风帽，身穿双层长裙，右肘部挎一桶，左手提一桶。纤小之身荷负硕大沉重的双桶，原本模糊不清的面容似乎幻化出丝丝愁苦，让人顿生怜爱之意。

六朝陶牛

长 35.2、高 18 厘米
2014 年三台县凤凰山景基建工地 2 号墓出土
三台县文物管理所藏

泥质灰陶，捏制。抬头，站姿，双目圆睁，四肢粗壮。虽制作简略，但神韵犹存。

六朝陶羊

长 14、高 9.4 厘米
2002 年绵阳市公安局涪城区分局刑警大队移交
绵阳博物馆藏

泥质灰陶，捏制。头微扬，站姿，圆眼、弯角、短尾，制作简练，小巧可爱。

宋代三彩双头文吏陶俑

高 20.7 厘米
1972 年三台县灵兴镇宋墓出土
三台县文物管理所藏

泥质红陶，施三彩釉，模制。两面双头，一倨一恭。恭面表情黯然，双手拢袖曲于腰部；倨面表情傲慢，双手后剪。

宋代三彩人首蛇身陶俑

长 19.5、高 9.5 厘米
1978 年绵阳县杨家镇（现涪城区杨家镇）出土
绵阳博物馆藏

泥质红陶，捏制。人首蛇身，略呈“S”形。头上昂，额前一同心圆发饰，面、脊施褐釉，发、身为绿釉。

宋代三彩戴枷陶俑

高 20.3 厘米
1987 年安县塔水镇娥眉村出土
安县文物管理所藏

泥质红陶，施三彩釉，捏制。头戴冠，脸型饱满，身着圆领长袍。颈戴一黄色方形物，似枷，双手扶握。

元代彩绘武士陶俑

高 30.1 厘米
1984 年三台县慕禹乡元墓出土
三台县文物管理所藏

夹砂褐陶，模制。头戴兜鍪，披坎肩，着广袖凯甲。身材魁伟，瞪眼怒目，威严肃立。但白里透红的双颊，亮黄的兜鍪、坎肩，粉红的甲袍，多种鲜艳活泼的色彩让威猛中透着可爱，甚至有一丝憨态，又给人以亲切之感。

明代釉绘彩陶童棺

长 92、前端宽 35、后端宽 23、前端高 26.8、后端高 19.3 厘米
安县文物管理所旧藏

泥质红陶。长方体。棺顶部有五孔，两侧施棕色底釉，面饰黄釉双龙戏珠图案。头部挡板施浅黄色圆形底釉，面饰“富”字。以陶为棺，上施釉绘彩，这是明代制陶技术的匠心妙运，而“富”字和双龙戏珠等纹饰，寄托了生者对死者的祝愿。

明代大彬制款紫砂壶

口长 8、口宽 5、底长 10、底宽 6.5、高 8 厘米
1972 年三台县印刷厂基建工地明代窖藏出土
三台县文物管理所藏

紫泥，壶面手感细腻。壶体作长方形，方唇口，直腹，三弯方流，柄残，缺盖。长方形圈足，底刻楷体“万历甲辰年，大彬制”款，字体刻划深峻有力、流畅自如。此壶在目前所见纪年时大彬紫砂壶中年代最早，对研究时大彬早年作品具有重要价值。

明代大彬仿古款莲子紫砂壶

口径 6、底径 6、高 10.3 厘米

1986 年绵阳市市中区红星街（现涪城区红星街）基建工地明代窖藏出土

绵阳博物馆藏

紫泥，胎中均匀羼有砂砾。壶形如莲子，直流细短，子母口盖，圆钮，曲柄。壶腹刻款：“茶附。石鼎屯文火，云籤品惠泉，大彬仿古”。“茶附”下刻八卦之“坎卦”六边形小章，象征水。铭文后篆书款不可考。此壶为目前仅见 2 件时大彬壶腹部刻诗文的作品之一。该壶造型质朴简约，所刻诗文隽秀有力，诗文前后配以摹刻印章，透出浓郁的文人书卷之气。

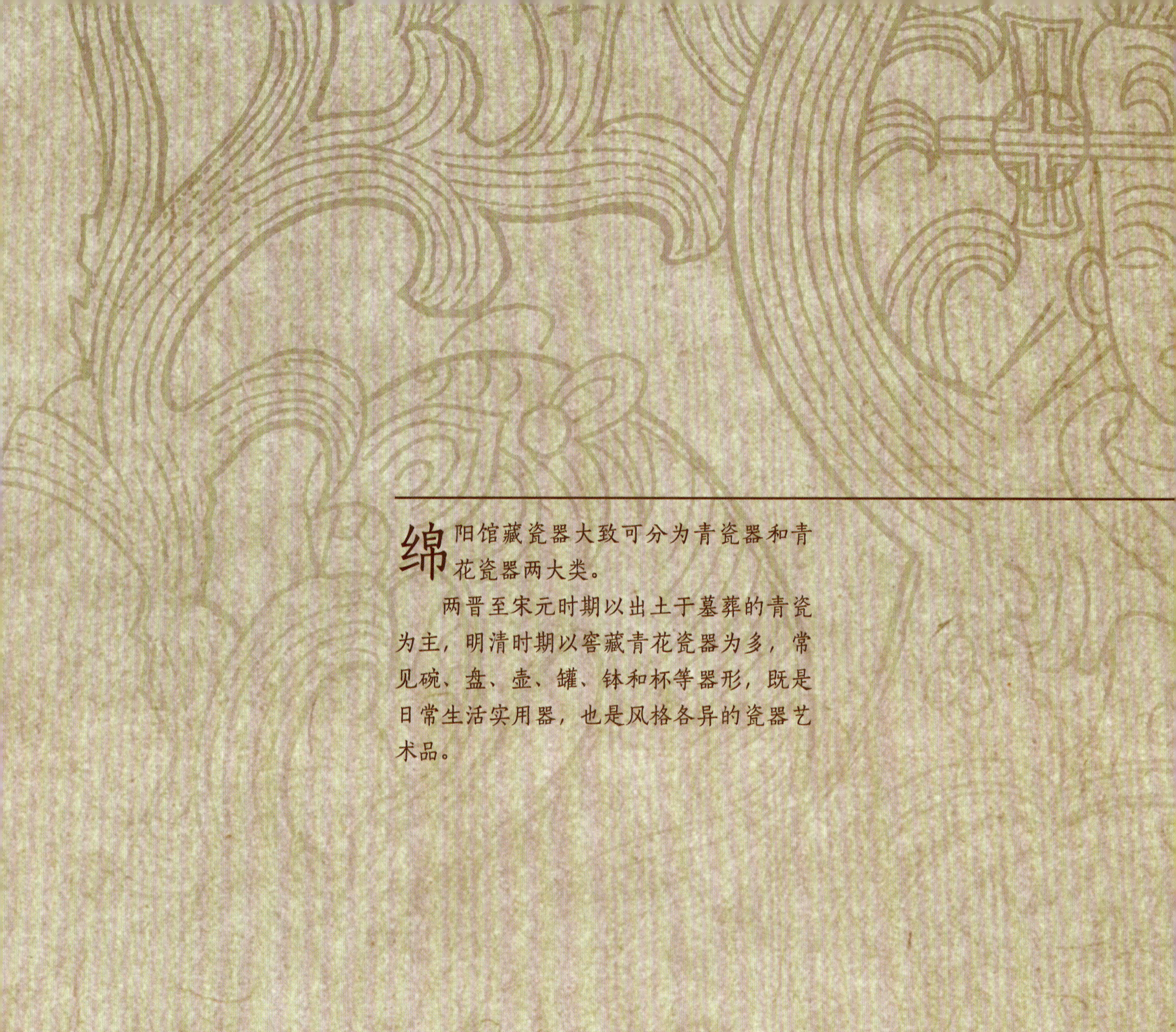

绵阳馆藏瓷器大致可分为青瓷器和青花瓷器两大类。

两晋至宋元时期以出土于墓葬的青瓷为主，明清时期以窖藏青花瓷器为多，常见碗、盘、壶、罐、钵和杯等器形，既是日常生活实用器，也是风格各异的瓷器艺术品。

瓷器

汉代青瓷壶

口径 12、腹径 21、足径 13、高 28.8 厘米
1995 年绵阳市高新区永兴镇双包山 2 号西汉木椁墓出土
绵阳博物馆藏

灰胎。口微侈，尖唇，长颈，广肩，球形腹，圈足外撇。肩部贴塑对称辫索纹耳，肩腹部饰凹弦纹、指甲纹和水波纹。口、肩、腹部施青釉，施釉较均匀，胎釉结合较好。器形优美，古朴厚重，是迄今四川发现最早的原始青瓷器。

六朝青釉莲瓣纹盘

口径 14.2、底径 6.5、高 3 厘米
1984 年绵阳市（原县级市）城郊乡（现涪城区城郊乡）
西山崖墓出土
绵阳博物馆藏

灰胎。浅弧腹，饼足。内外施青釉，有玻璃质感，釉面布满细碎冰裂纹，内底中心刻划一朵五瓣莲花。

六朝青釉鸡首壶

口径 4.9、底径 7.8、高 15.3 厘米
1994 年绵阳市涪城区园艺乡征集
绵阳博物馆藏

灰胎。小口，细颈，斜直腹，大平底，肩置对称横桥形系，一鸡首短流与一曲形把手分置另两侧。青釉微偏黄，肩饰二周凹弦纹，腹饰一周覆莲瓣纹，莲瓣交错，刻划随意洒脱。

六朝黑釉鸡首壶

口径 10.5、底径 15、高 32.8 厘米
1984 年绵阳市（原县级市）城郊乡（现涪城区城郊乡）
西山崖墓出土
绵阳博物馆藏

灰胎。细颈，平底，肩置鸡首直流和龙首柄，龙口衔盘沿，另两侧置对称横桥形系。内外施黑釉，无光泽。体高厚重，通体素面。

六朝青釉六系带盖罐

口径 12.2、底径 13.5、高 21.5 厘米
1997 年三台县公安局永明镇派出所移交
三台县文物管理所藏

覆钵形盖，盖上一桥形钮。罐直口，短颈，圆腹，平底，肩置六横桥形系。翠绿色青釉，质感细润。肩腹部剔刻一周覆莲瓣纹，莲瓣肥硕，有立体之感。

隋代酱釉罐

口径 24、腹径 30.1、底径 11、高 11.3 厘米
2000 年绵阳市涪城区西南科技大学西山校区崖墓出土
绵阳博物馆藏

灰胎，质坚细腻。弧腹，平底微凹。釉青中泛褐黄，肩至下腹部分别刻划一周小花朵纹、竹叶状纹和莲瓣纹，流畅和谐，简练美观。

唐代邛窑青釉双耳执壶

口径 8.3、腹径 12.2、底径 10、高 21.6 厘米
1982 年三台县潼川镇小十字出土
三台县文物管理所藏

酱红色胎，内施黄釉，外施青釉至下腹。短颈，平底，肩置一短流、一扁条形柄，双环耳。上腹部饰两对三角形头、长尾内卷的凤鸟纹，随性简单，但给素淡的青釉面平添了一抹亮丽与生气。

五代“官”款三莲瓣口白瓷碟

角距 12.8、足径 6、高 3.7 厘米
1965 年三台县煤建公司基建工地出土
三台县文物管理所藏

胎白质坚，釉色洁白细润，外底有一阴刻“官”字。三莲瓣状的造型显得新颖活泼，精巧秀丽。

宋代吉州窑黑釉剪纸贴花碗

口径 11.9、足径 4、高 6.1 厘米
1989 年三台县东河纸厂窖藏出土
三台县文物管理所藏

斜弧腹，矮圈足。外施黑釉，内壁口部施黄釉，腹部贴剪纸花卉，极具装饰性，是江西宋代吉州窑最具代表性的瓷器之一。

宋代青釉水涛纹碗

口径 17、足径 5.5、高 4.6 厘米
1987 年征集
绵阳博物馆藏

敞口，圈足。里外施青釉，釉色暗沉，内底中心模印一鹅，四周为波涛纹，外腹饰二周凹弦纹。

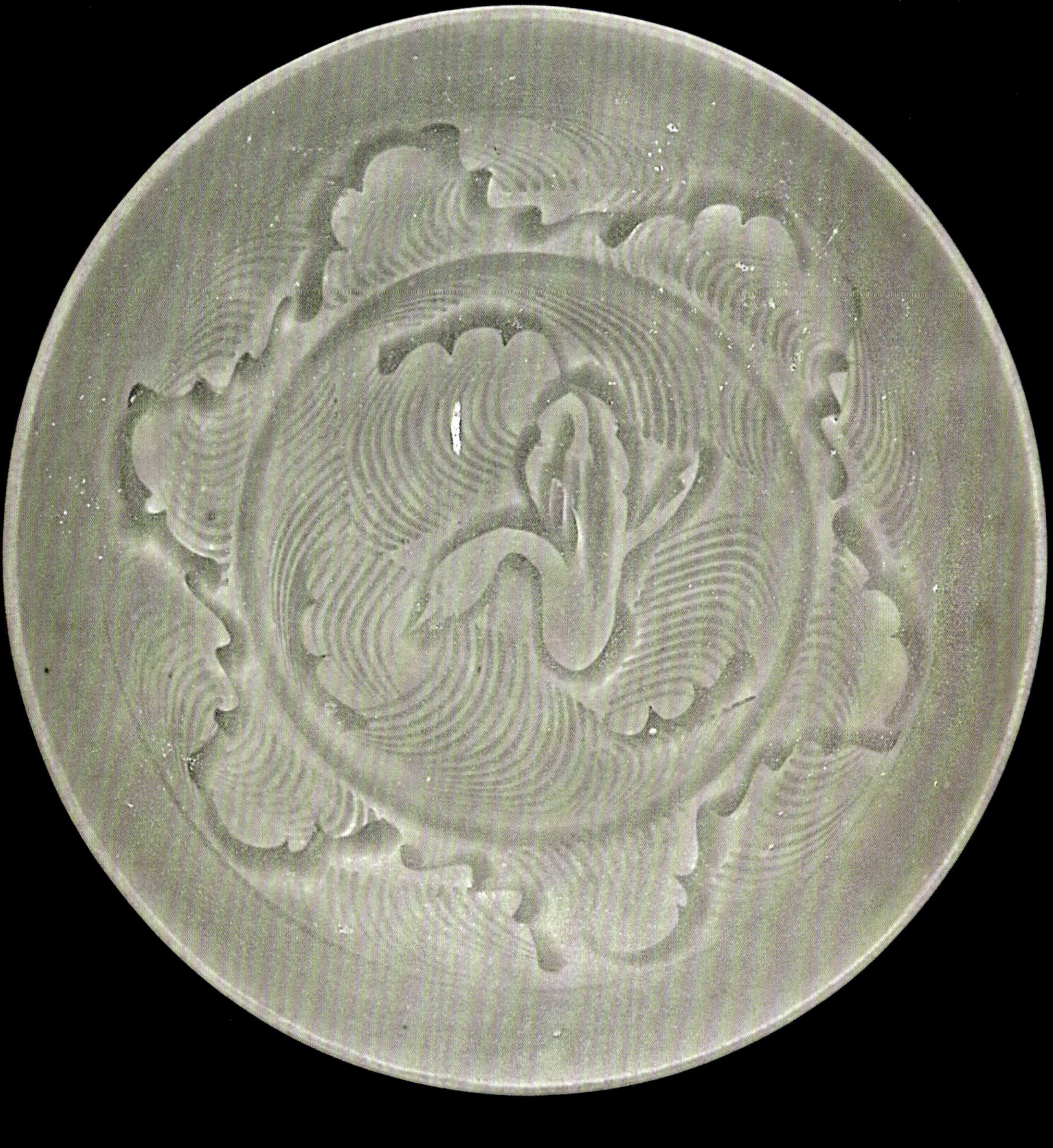

宋代影青印花碗

口径 18.2、足径 5.8、高 6.5 厘米
1983 年平武县南坝镇出土
平武县文物管理所藏

胎质白腻坚致。斜弧腹，圈足。釉面晶莹润泽，温润如玉。影青是宋代以景德镇窑为代表烧造的一种釉色介于青白二色之间，青中有白、白中显青的瓷器，即青白瓷。

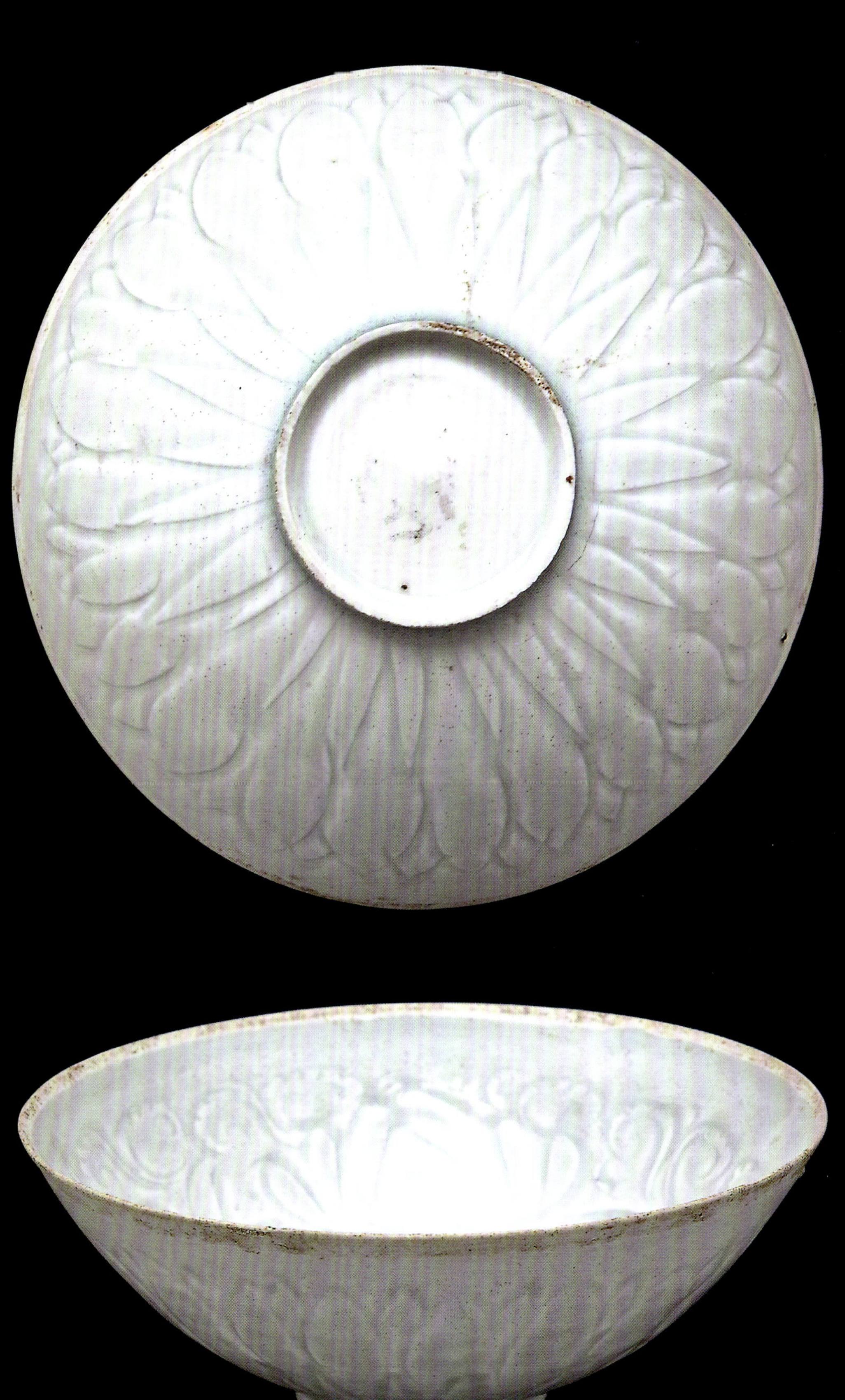

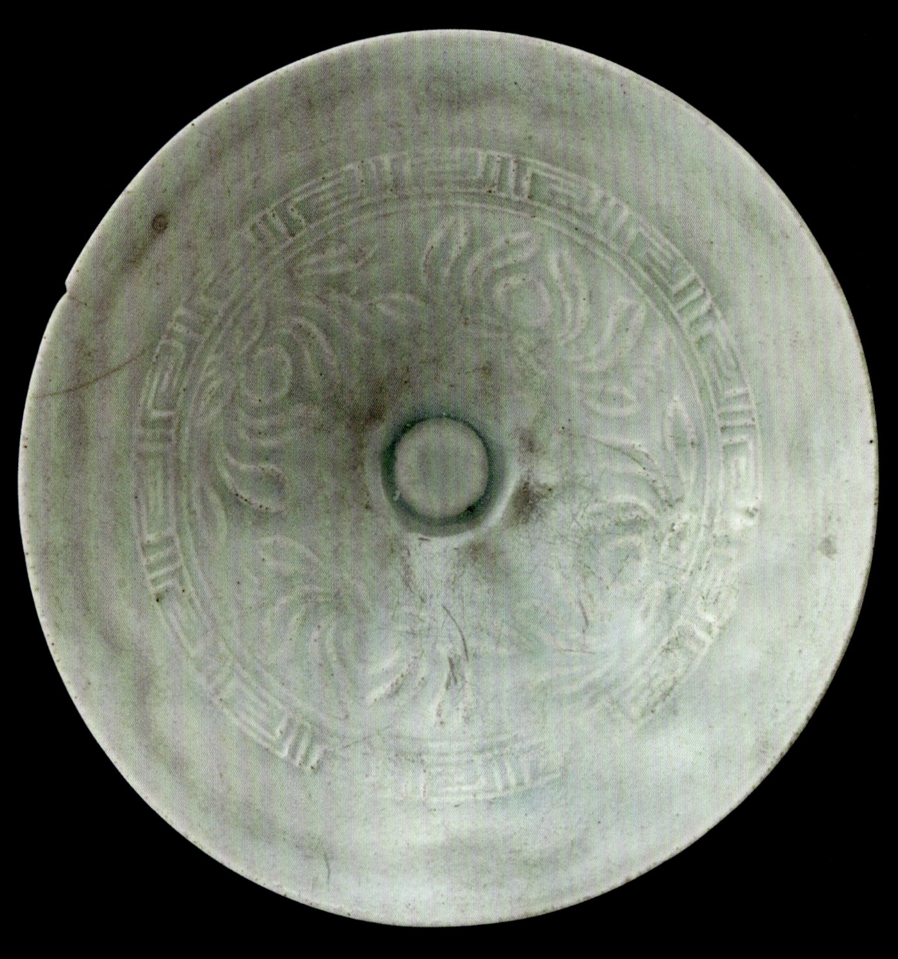

宋代影青印花斗笠碗

口径 14.8、底径 2.9、高 5 厘米
1989 年三台县东河纸厂窖藏出土
三台县文物管理所藏

倒斗笠形。敞口，斜直腹，小平底。胎骨薄近透明，釉色清澈透亮，为宋代影青的典型器物之一，体现了这一时期影青的独有特色。

宋代影青梅瓶

口径 3.3、腹径 13.8、底径 7.2、高 22.8 厘米
1972 年安县永兴乡（现永河镇）出土
安县文物管理所藏

小口，短颈，深圆腹斜收，平底。胎体细腻，釉质莹润，通体饰连续压印漩涡纹。器形秀美挺拔，饱满丰圆。

宋代梅青莲瓣纹碗

口径 14.6、足径 4、高 6.7 厘米
1989 年三台县东河纸厂窖藏出土
三台县文物管理所藏

斜弧腹，小圈足。内外满釉，莹润细腻，釉面有冰裂纹，外腹压印一周莲瓣纹。

宋代三彩瓷枕

长 42.5、宽 19、高 16.5 厘米
1987 年绵阳火车站铁路派出所移交
绵阳博物馆藏

低温三彩釉陶器。两端上翘，中部呈圆形下凹。釉色以黄绿为主。造型简洁，清新雅致。

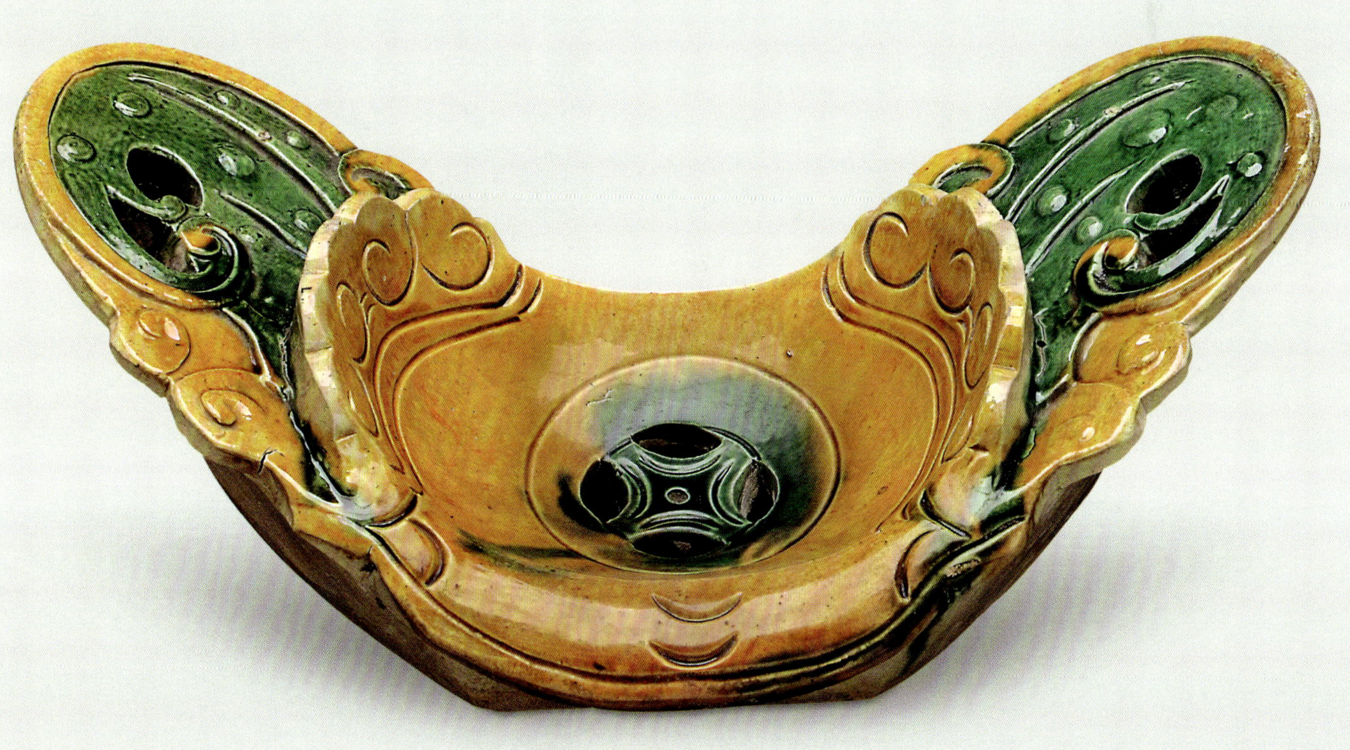

元代龙泉窑青釉莲瓣纹碗

口径 17.5、足径 4.3、高 7.3 厘米
1996 年绵阳市游仙区小枧沟镇石板墓出土
绵阳博物馆藏

灰胎。斜弧腹，小圈足。豆青釉光洁厚重，外腹模印莲瓣纹，纹饰匀称工整，制作精湛。

元代粉青出戟尊

口径 12.2、足径 7.8、高 22.2 厘米
1989 年三台县东河纸厂窖藏出土
三台县文物管理所藏

喇叭口，长颈，细腰，圆鼓腹，从口至足对称分布四扉棱。造型仿商周青铜礼器，厚重古朴，釉色青中闪绿，晶莹滋润，如玉如冰。

元代粉青双耳垂环瓶

左，口径 9.5、腹径 11.3、足径 8.6、高 26.1 厘米；右，口径 10、腹径 11.4、足径 8.3、高 25.8 厘米

1992 年三台县潼川镇砖瓦厂窖藏出土

三台县文物管理所藏

胎厚重，质细坚。小盘口，长颈，圆腹，圈足，颈置对称长方形衔环竖耳。内外施粉青釉，釉层温润滋厚，颈、腹部饰凹凸弦纹。

元代龙泉窑豆青吉字瓶

瓶口径 2.5、底径 4.6、座口径 8.2、通高 22.5 厘米
1989 年三台县东河纸厂窖藏出土
三台县文物管理所藏

长颈，圆腹，颈下方一盘状凸起。器座似空心罐，镂空而成，轻盈空灵，纤巧通透，与饱满匀称的瓷瓶巧妙地结合成完美和谐的整体，犹如一个“吉”字，在一众形大厚重的元瓷中格外引人注目。

元代青花菊花纹象耳垂环瓶

口径 8.1、腹径 12.2、足径 10.1、高 27 厘米
1992 年三台县潼川镇砖瓦厂窖藏出土
三台县文物管理所藏

长颈，弧腹，高圈足，颈部附对称象鼻衔环竖耳。外壁施青花彩，以菊花为主体纹饰，上下辅以蕉叶纹、莲瓣纹、四瓣花纹、草叶纹等，层次多，画面满，却繁而不乱，主次分明，浑然一体。

元代青花缠枝牡丹纹鼎式炉

口径 11.7、高 13.8 厘米
1992 年三台县潼川镇砖瓦厂窖藏出土
三台县文物管理所藏

短颈，圆腹，圜底，三蹄足，口沿至颈置对称长方形耳。外壁施青花彩，口沿至腹部绘四瓣花纹、连续卷草纹、简易花瓣纹和缠枝牡丹纹。三足饰不同兽面，足间各一花瓣。

明代万历款青花缠枝莲花纹碗

口径 12.2、足径 9.1、高 10.5 厘米
1973 年绵阳县解放街（现涪城区解放街）窖藏出土
绵阳博物馆藏

弧腹，圈足。内饰芙蓉花、莲花，外壁绘缠枝莲托八宝纹、蕉叶纹，底双线圆圈内楷书“大明万历年制”款。造型规整而落落大方，画工精致娴熟，釉色鲜艳纯正，蓝得浓郁，白得纯洁，蓝白相映，蔚为美观，可谓青花瓷器中的佳作。

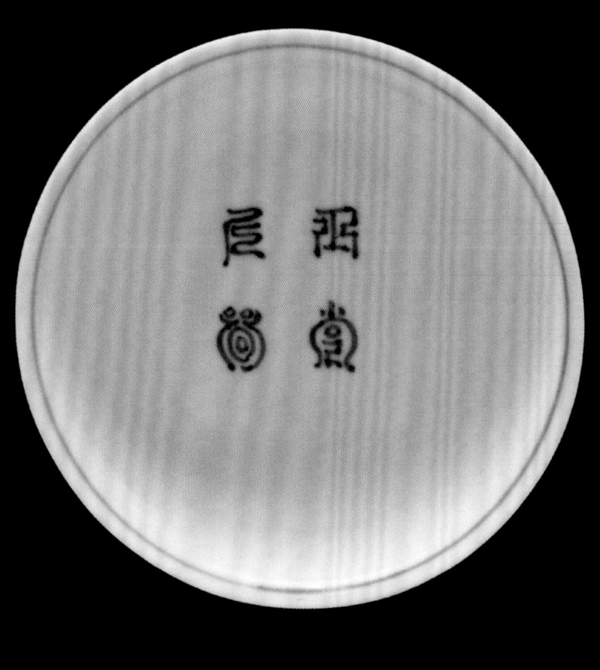

明代青花杯

口径 9.3、足径 3.6、高 5.5 厘米
1986 年绵阳市市中区红星街（现涪城区红星街）基建工地明代窖藏出土
绵阳博物馆藏

胎质白腻，釉面晶莹剔透。弧腹，圈足，内底篆书“玉堂□□”。内口沿饰一周弦纹。

明代青花人物山水笔筒

口径 7.5、底径 6.8、高 15.5 厘米
1986 年绵阳市市中区红星街（现涪城区红星街）基建工地明代窖藏出土
绵阳博物馆藏

深腹，平底，器形规整。外壁绘二人物，一人头戴乌纱，身穿圆领宽袖长袍，左手抚带立于居室前；另一人光头，面向前者，背景绘山水、芭蕉、竹叶等。纹饰舒朗，生活气息浓郁。

明代蓝釉高足杯

口径 7.5、足径 3.6、高 7 厘米
1986 年绵阳市市中区红星街（现涪城区红星街）基建工地明代窖藏出土
绵阳博物馆藏

深腹，喇叭形足，玉璧底。内施白釉，外施蓝釉，釉色光泽莹润而对比鲜明，视觉效果强烈。

明代龙泉窑青釉八棱盏

口径 10.6、足径 5.15、高 6.5 厘米
1976 年三台县印刷厂窖藏出土
三台县文物管理所藏

八边形敞口，八棱形斜弧腹，矮圈足。胎白釉厚，口沿内壁饰回纹一周，外壁每棱剔刻折枝牡丹一株。

清代青花花卉龙盘

口径 44.5、足径 30.3、高 5.7 厘米
2013 年征集
绵阳博物馆藏

胎密质坚。折沿，圈足。施白釉，沿上散点配置三组折枝花卉，盘底画菊花、芙蓉花、飞鸟、假山，布局丰满，刻画精细。

清代五彩花鸟高足碗

口径 15.6、柄径 4.6、高 14 厘米
1987 年绵阳市川剧团移交
绵阳博物馆藏

斜直腹，圆柱形柄足。内底绘花鸟纹，外腹饰一周连枝桃纹。勾线填彩，线条简练有力，色彩明丽浓艳，纹样工致精美，生动传神，具有很强的艺术性。

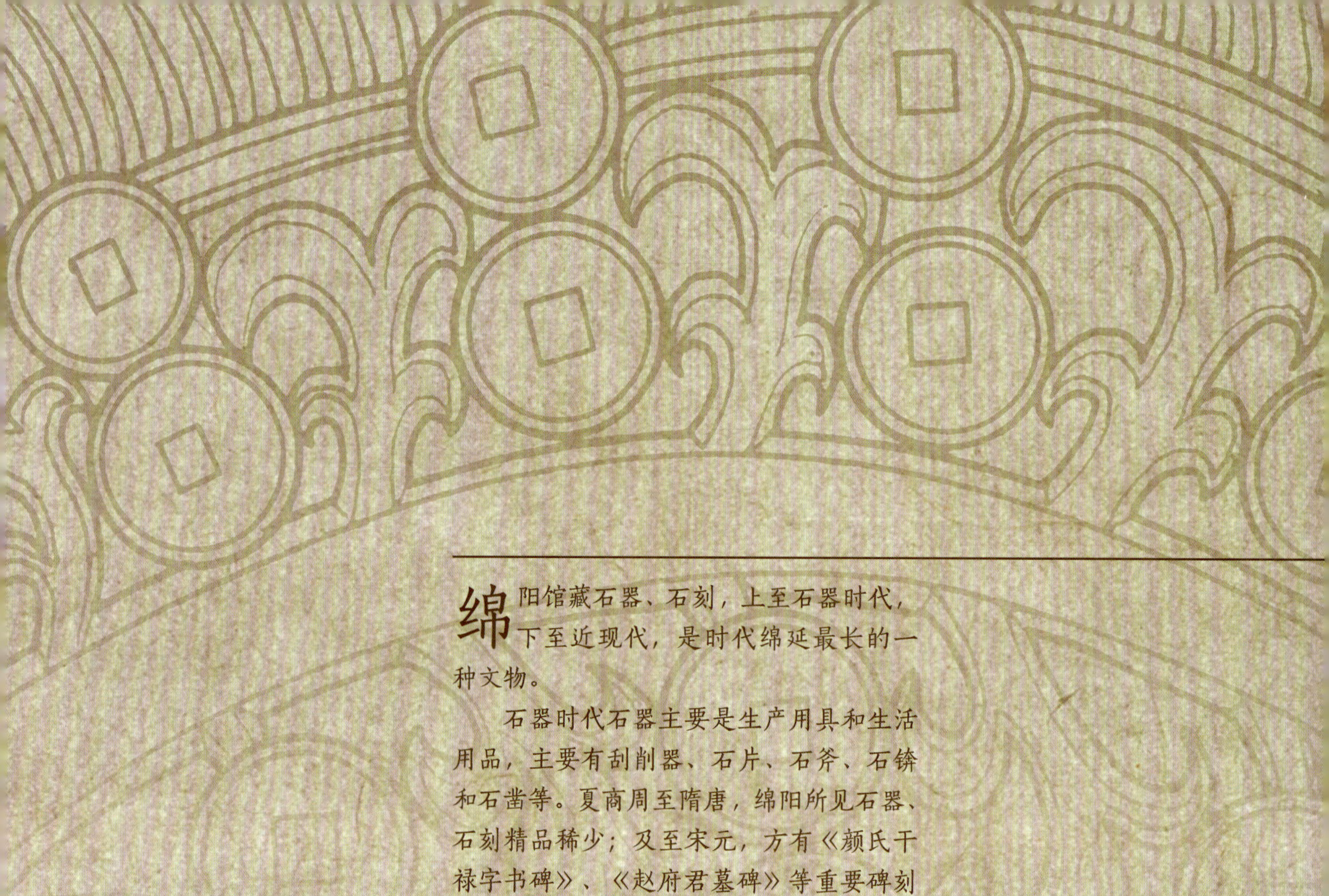

绵阳馆藏石器、石刻，上至石器时代，下至近现代，是时代绵延最长的一种文物。

石器时代石器主要是生产用具和生活用品，主要有刮削器、石片、石斧、石锛和石凿等。夏商周至隋唐，绵阳所见石器、石刻精品稀少；及至宋元，方有《颜氏干禄字书碑》、《赵府君墓碑》等重要碑刻面世；而明清时期的墓葬石刻则丰富多彩，彰显了这一时期绵阳的丧葬习俗特色和高超的民间石刻工艺水平。

汉晋时期的画像砖，绵阳收藏颇多，其中不少具有较高的历史或艺术价值。

石器　石刻　画像砖

新石器时代晚期石箭镞

长 8.9、宽 4.2、厚 0.9 厘米
1989 年绵阳市市中区新皂镇（现涪城区新皂镇）边堆山
新石器时代遗址出土
绵阳博物馆藏

磨制而成，表面光滑。镞刃锋利，镞头尖锐，断面为扁菱形。

新石器时代晚期石凿

长 4.9、宽 0.7、厚 0.45 厘米
1989 年绵阳市市中区新皂镇（现涪城区新皂镇）边堆山
新石器时代遗址出土
绵阳博物馆藏

褐色，磨制而成。呈楔形，略扁，棱角分明。凿身斜收成刃，刃口较窄而锋利。通体光素。

商周石璧

外径 6.5 ～ 18、孔径 4.4 ～ 5.5、厚 0.6 ～ 1 厘米
1985 年盐亭县麻秧乡蒙子村窖藏出土
盐亭县文物管理所藏

青灰色或灰色石质。共 8 件，大小不一。圆形饼状，中心一圆孔，光素无纹饰。

汉代银缕玉衣片

长 2.8～4.7、宽 1.8～3.5、厚 0.14～0.31 厘米
1995 年绵阳市高新区永兴镇双包山 2 号西汉木椁墓出土
绵阳博物馆藏

玉质片状。8 片，多呈长方形。四角有穿孔，部分角上残存银丝，当为银缕玉衣片。玉衣，又称玉柙或玉匣，汉代皇帝和高级贵族死后的殓服，根据死者的身份分别用金丝、银丝、铜丝编缀小玉片四角而成。

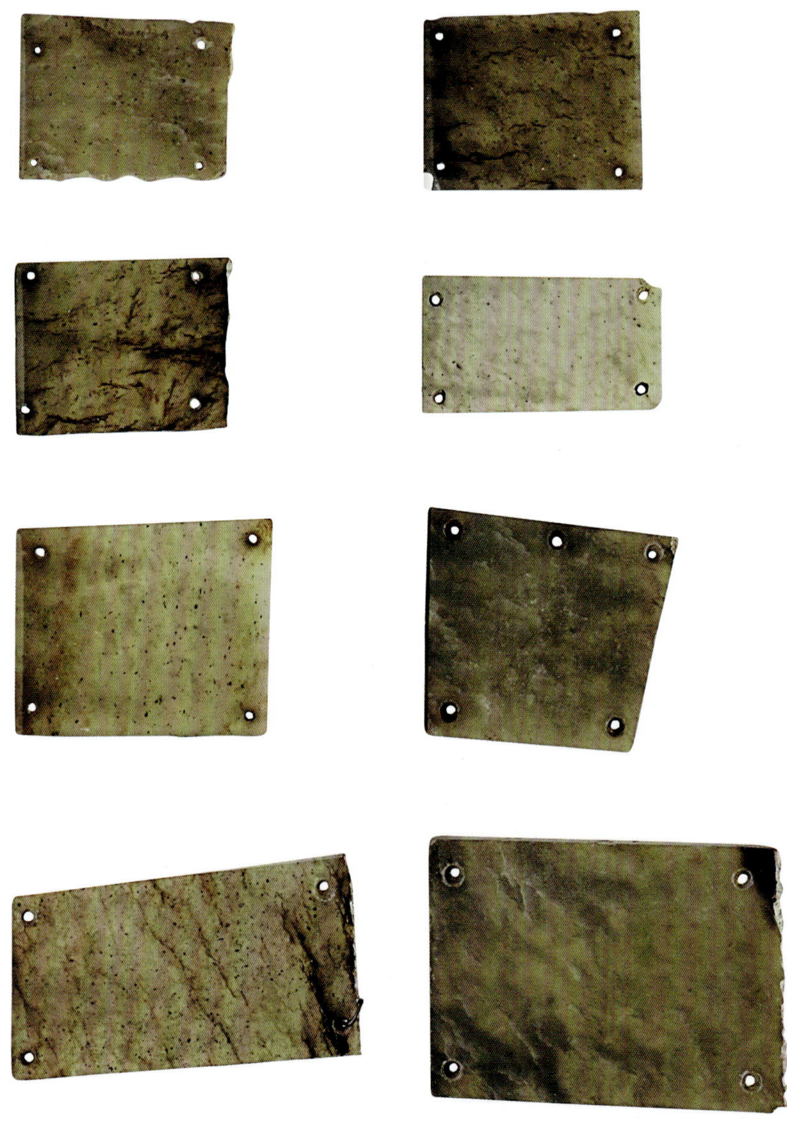

汉代玛瑙环

左，外径 6.2、内径 4.5 厘米；右，外径 6.4、内径 4.6 厘米
绵阳博物馆旧藏

浅黄色，半透明。环形，孔壁较直，断面呈菱形。通体光润，简洁素雅，通透大气。

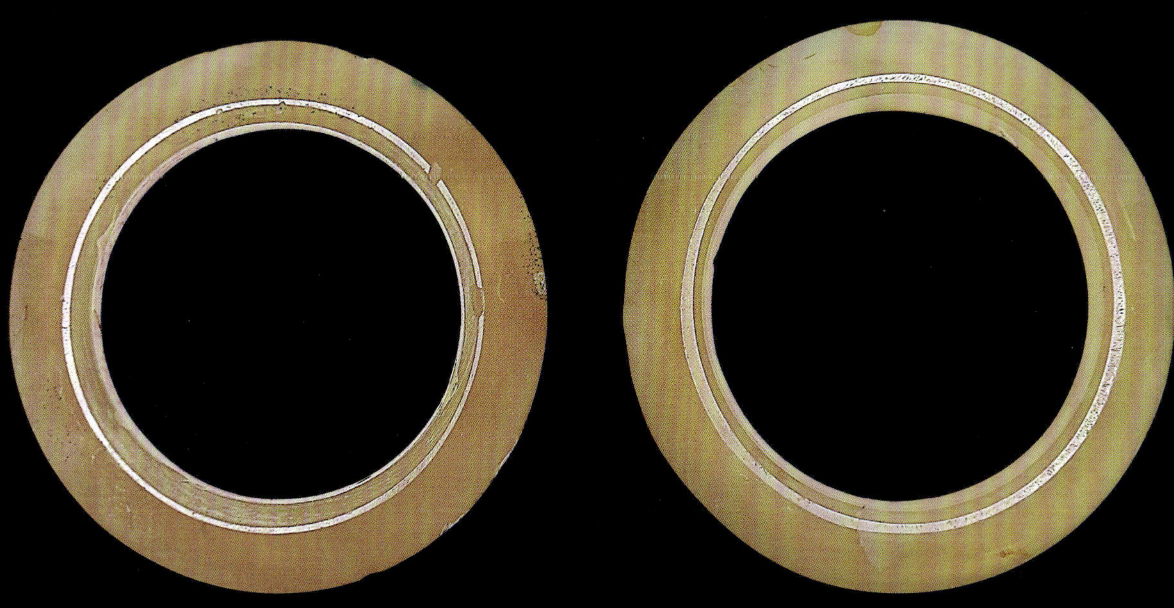

汉代玛瑙环

外径 3.8、内径 1.9 厘米
绵阳博物馆旧藏

红褐色，有白色沁斑。环形，双面平直，直径较小。整体细润光洁，色泽温润凝重。

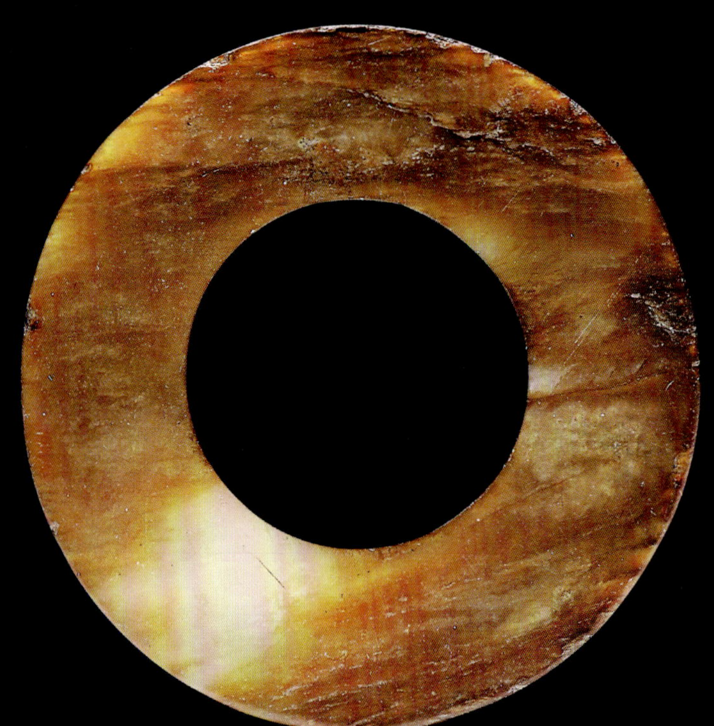

汉代绿玉璜

两端距离 12.5、厚 0.14 厘米
绵阳博物馆旧藏

半璧形，拱形顶端有一穿系小圆孔。表面光滑，玉质温润，两面均饰卷云纹。玉璜，古代礼器，汉代主要作佩饰之用。

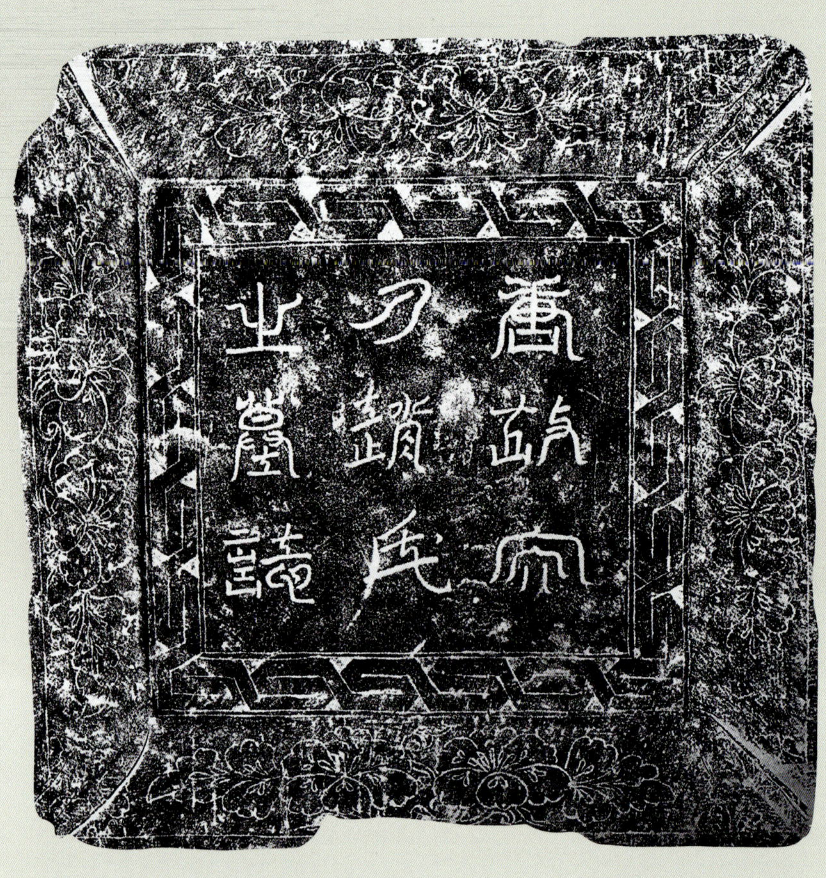

唐代石刻墓志

志盖上部边长39、下部边长57、高6厘米；志石边长57、厚4～5厘米

2012年绵阳市涪城区南山街道办事处南塔路社区出土

绵阳博物馆藏

褐色石质。由盝顶覆斗形志盖和方形志石两部分组成。志盖阴刻篆书“唐故天水赵氏之墓志”，周饰几何纹，斜刹线刻牡丹花丛。志石楷体铭文24列，可辨文字522个，为墓主一生之简介。该墓志不但提供了墓主身份、族源的线索，还可一探唐代职官、行政建制与葬俗。

宋刻颜氏干禄字书碑

宽 120、高 216、厚 36 厘米
1995 年三台县潼川镇学街原潼川府文庙出土
三台县文物管理所藏

该碑由唐人颜元孙撰文，颜真卿书写，刻于唐大历九年（774 年），立于浙江湖州刺史宅院，原石早佚。后在唐宋时期有三个重刻本，但保存至今的仅有三台所藏，为潼川知府宇文时中南宋绍兴十二年（1142 年）重刻于潼川（今三台县潼川镇），史称“蜀本”。该碑三面刊刻，碑阳、碑阴刻《干禄字书》正文及重刻跋文，右侧刻清四川学政、督学吴省钦对该碑的考证题记。《干禄字书》是唐代一部规范官吏士人文字书写标准的文字学书，对汉语言文字学研究具有重要价值。该碑是全国现存唯一的颜氏干禄字书碑，亦是唐代著名书法家颜真卿留给后人罕见的小楷书法遗迹，历史价值和艺术价值弥足珍贵。

干禄字書

有唐大曆九
年正月庚子
真卿於湖
東廳院書之
柳公權對穆宗
曰心正則筆正
雖公權時以筆
書法理固知是
魯公筆蹟乃知公
言不妄魯公忠正
功名事業列于國
全德行英風義
映千古文學之外
隸書大小二體筆
勁如鼎介胄如冠
凛凛乎若讀盧杞
希烈有不可犯之勢
其心畫所寓誠可畏
仰之往由左宦臨牧吳
興暇隙書干禄字樣鐫
刻于石傳示後生然石
刻在刺史宅東廳院傳
之惟艱故世罕得善本
而蜀士大夫所見惟板
刻尤鮮得其真
府尹[illegible]龍閣[illegible]學[illegible]文
比刺湖州[illegible]

南宋孔子圣象碑

宽 91、高 214、厚 24 厘米
三台县文物管理所藏

该碑刻于南宋嘉定十三年（1220 年）端午日，立于涪城县（古涪城县，治今三台县花园镇）县痒（即文庙），供后学瞻仰。现存于三台县花园镇初级中学校内。碑面上部单线阴刻孔子、颜孟及七十二贤像，均作红、蓝彩；下部为南宋嘉定年间涪城县县尉张埴楷书阴刻跋文，前半部阐述了“夫子之道”是“治国平天下之本”，后半部记述了夫子圣像的来历、价值及刻置时间、地点和原因。该碑总体布局匠心独运，尤其是人物造型和排列方式十分特别，跋文称其“真所罕见”；碑身画面雕刻精美，书法严谨秀丽，具有较高的历史和艺术价值。

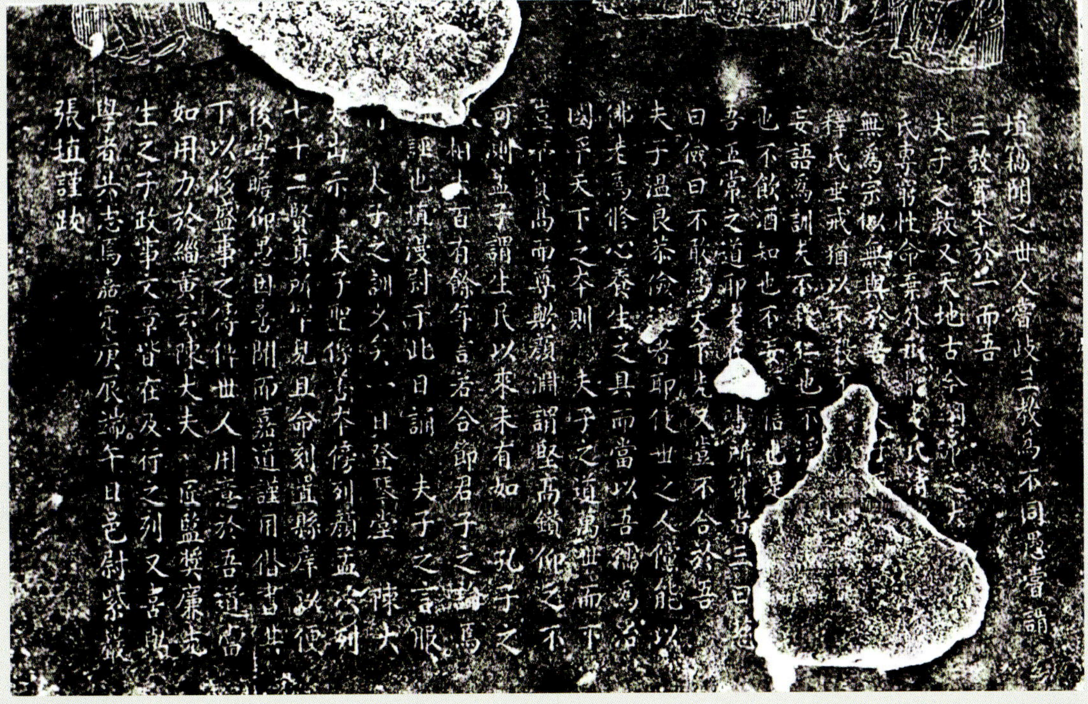

宋代石刻经幢

幢身直径 17、通高 87 厘米
2008 年绵阳市涪城区解放街出土
绵阳博物馆藏

幢身所刻经文字迹模糊，难辨其详。幢体采用多层形式，比例匀称，造型优美，雕刻细致，是珍贵的古代石雕艺术品。经幢是中国古代宗教石刻的一种，盛行于唐宋时期，一般由幢座、幢身、幢顶三部分组成。

宋代八棱柱石买地券

长 42、直径 10.6 厘米
2002 年绵阳市涪城区塘汛镇群文村出土
绵阳博物馆藏

灰砂石。八棱柱形。每面均刻有文字或道教符号，为研究宋代的葬俗、宗教信仰等提供了重要的实物资料。买地券券文一般刻写或用笔写于砖、铁、铅板、石板等硬化的物品上，是生者为死者购买墓地的契约，常附有道教的制鬼符篆，置于墓中，意在保证死者对墓地的所有权不被侵犯。

宋代石歙砚

长 15.7、宽 9、高 2.9 厘米
1985 年征集

歙石，黑色，手工磨成。三边有沿，底面为凹形，便于手握，俗称手砚。

宋代李白醉酒石雕墨洗

长 19.6、宽 9.4、高 9.1 厘米
1983 年江油县彰明镇（现江油市彰明镇）北街出土
江油市文物管理所藏

石质，豆绿色。左一酒坛状盛水器，右一男子醉酒状半卧于酒坛旁，敞胸腆肚，表情迷蒙恬淡，“李白斗酒诗百篇”的形象呼之欲出。

元代赵府君墓碑

额宽 135、身宽 113、碑高 318、厚 30 厘米
1992 年三台县东塔镇石马湾村发现
三台县文物管理所藏

该碑为元代潼川府（治今三台县潼川镇）籍显宦赵成庆为其父母所建神道碑，元统乙亥年（1335 年）立于“郪县富国乡之东山”（今三台县东塔镇东山）赵氏祖坟前。碑文主要记载了赵成庆父母生前诸多事迹和死后四次受赠官爵的情况，是研究元代封赠制度和其时川渝地区社会历史的珍贵资料。碑额由著名书法家郭贯篆书，碑文由著名理学家吴澄撰写，碑文隶书由著名书法家吴炳手书，集元代三位名家文章书法于一身，具有极高的艺术价值。碑文还补充了《四库全书·吴文正集》中所收录该碑记缺失的第四次封赠情况。赵成庆，立碑时任亚中大夫、云南诸路肃政、廉访使，后任御史中丞。

大元贈嘉議大夫兵部尚書上輕車都尉追封天水郡侯

明代石翁仲

高 218 厘米
1958 年绵阳县游仙公社芙蓉大队（现游仙区游仙镇芙蓉村）出土
绵阳博物馆藏

石刻圆雕一对，为明代绵州人、成化二十年（1484 年）进士、兵部尚书金献民墓前神道石人像。呈站立式，目视前方，双手拄剑于身前，高大魁梧，神态威严。墓前置石翁仲，可溯源至汉时，应有守卫墓穴、佑护墓主英灵之意。

明代石刻人物香炉瓶花

左，宽 51、高 80、厚 11 厘米；右，宽 52、高 80、厚 12 厘米
安县文物管理所旧藏

黄沙石。石刻帷幔之下，长袍男子似欲炉中添香，膜拜神灵先祖。帷帐、香案、瓶花、香炉及缭绕的氤氲刻画出一幅生动形象的明代居家祭祀场景。

明代石雕彩绘飞天

宽 66、高 23、厚 4 厘米
1974 年平武县古城公社（现古城镇）小平山王玺墓群出土
平武县文物管理所藏

青石质。正面浮雕二飞天，造型相似，衣饰一致，皆着红、蓝、绿等彩。左上角有篆书红色印章一枚。浓艳的色彩，漫天飘逸的鲜花，轻舞飞扬的天人，使整个画面充满强烈的动感与无限的生机。

清代石雕滚龙抱柱

底宽 13、高 81、底厚 13 厘米
2011 年绵阳市公安局游仙区分局石板镇派出所移交
绵阳博物馆藏

灰砂石。柱身独刻一龙，似欲离柱腾空而起，简洁明了，逼真传神。

清代石雕八仙柱

宽 12、高 129、厚 13 厘米
2011 年绵阳市公安局游仙区分局石板镇派出所移交
绵阳博物馆藏

灰砂石。两柱均由柱础、柱身、柱首三部分组成，各浮雕四人。人物形象不同，姿态各异，皆脚踏祥云，当为民间广为流传的神话人物——八仙。

清代石刻菊花双鸟瓶

宽 21.5、高 20 厘米
1990 年三台县文物管理所征集
三台县文物管理所藏

石料，黄褐色，镂雕。山状底座上雕刻相连的一方一圆两瓶，瓶前菊花紧贴，花下两侧各有一鸟，鸟嘴向上叼衔菊叶。方圆二瓶，掩映在花鸟之后，自然灵动，极富意趣。

清代石雕人物花碑前檐

宽 80、高 114、厚 15 厘米
2007 年绵阳市公安局巡警支队四大队移交
绵阳博物馆藏

灰砂石。清代墓葬花碑前墙立面部分。上楣刻四个刀马戏剧人物，似三英战吕布场景，两侧亦是雕刻戏剧人物故事。线刻、浅浮雕、高浮雕、透雕和彩绘等技法相结合，人物刻画细致入微，场面鲜活生动，不仅反映了工匠高超的雕刻技艺，而且让人一窥百年前精彩的戏剧表演。

汉代车马出行画像砖（一组）

长 32.5、宽 24、高 9 厘米
2001 年三台县北坝镇姬家梁东汉砖室墓出土
三台县文物管理所藏

砖为长方形，一侧模印画像，共四幅。画像长 21、高 7 厘米，内容似连环画组成的车马出行图。画像前部为扛弩步卒、持旒导骑、鼓吹车、持笏骑吏等组成的仪仗队伍，中为端坐轺车的主人，后为骑吏和双车随从等。出行队伍最前端还有仙鹤导引，中间有振翼凤鸟和翱翔长龙相伴。整体画面动感十足，极为生动，既表现了墓主人生前出行的豪华仪仗，又表达了墓主人祈求在神禽异兽的引导和护卫下，升入仙界的愿望。

东汉“元和二年”纪年铭文砖

长 35.3、宽 28.5、厚 9.8 厘米

三台县文物管理所藏

长方形砖，一端模印阳文隶书“元和二年匚，成就万年 书”铭文。

汉代“居人吉利”铭文砖

长 36、宽 24.5、厚 7.2 厘米

2010 年三台县安居镇黄明月村崖墓出土

三台县文物管理所藏

长方形砖，一端模印绶带穿璧纹，纹间模印阳文隶书“居人吉利”铭文。

汉代“吉人八千万”铭文砖

长 34 ～ 39、宽 25.3、厚 7 厘米

1994 年三台县永明镇崖墓出土

三台县文物管理所藏

梯形砖，一端模印阳文隶书“吉人八千万口”铭文。

汉晋仙人逐马画像砖

长 36.8、宽 25.5、厚 11 厘米
2011 年征集于梓潼县
绵阳博物馆藏

画面中兔首仙人正逐带翼天马，天马展翅扬蹄，作飞驰状，一幅时人升天成仙的梦幻之境。画像阳线刻，布白均匀，线条简练流畅，极富张力。

汉晋西王母画像砖

长 33.5、宽 26、厚 10 厘米
2011 年征集于梓潼县
绵阳博物馆藏

画中左青龙，张牙舞爪；右白虎，昂首抬足。中为西王母端坐于龙虎座之上，肩生羽翼，穿交襟广袖袍，袖手。

汉晋神树人物画像砖

长 17.5、宽 26.5、厚 10.2 厘米
2011 年征集于梓潼县
绵阳博物馆藏

画面左右分别跽坐二人，左一人倾身向前，手上似捧有什物，右一人袖手于前。中间一神树，树座似半截方孔圆钱，人与树间似有二字。

汉晋木连人物画像砖

长 37、宽 27、厚 10.5 厘米
2011 年征集于梓潼县
绵阳博物馆藏

画面两旁二人对坐，中间一神树。树左右分刻“木连”和“神木”二字，右侧人物旁似书“□主”二字。两树同体本是自然界树木连生现象，古人把其神化，认为是神木，是祥瑞的征兆。汉画中多有类似题材，但附榜题的甚少。

汉晋凤鸟画像砖

长 21.5、残宽 13.5、厚 10.6 厘米
2011 年征集于梓潼县
绵阳博物馆藏

画面一凤鸟曲颈昂首、展翅欲飞。凤鸟纹画像砖在绵阳发现甚多，凤鸟造型和姿态有数十种之多。

汉晋子母凤鸟画像砖

长 36.5、宽 27、厚 10.5 厘米
2011 年征集于梓潼县
绵阳博物馆藏

画面中一凤鸟展翅张嘴，嘴衔一物，翼下一小凤鸟抬头作接食之状。构图满密，丰满朴实，展现出一幅温馨的喂育场面。

书画是绵阳传统馆藏文物，从元至今皆有收藏。作品多是地方名家墨宝，但亦不乏声震古今的大师之作，如明清时期的仇英、沈周、傅山、石涛等，近现代的张大千、傅抱石、谢无量、潘天寿、李苦禅、林散之、沙孟海、吴冠中等。他们的作品内涵丰富，风格各异，具有极高的艺术价值。

书画

元代倪云林《幽亭秀木图》

纵 78.2、横 39.2 厘米
纸本　水墨
安县文物管理所旧藏

倪瓒(1301～1374),元代画家、诗人。江苏无锡人，字泰宇，后字元镇，号云林子、荆蛮民等。其山水画画法疏简，格调天真幽淡，以淡泊取胜，是元代南宗山水画的代表画家，与黄公望、王蒙、吴镇合称“元四家”。

此画以其惯有的三段式平远法构图。疏木坡岸，翠竹幽亭，浅水遥岑，一派萧疏淡泊之气。左上书题记，款署“倪瓒”，钤方形朱文篆印“云林子”。

明代沈周《秋山图》

纵 181.2、横 46 厘米

绢本　设色

安县文物管理所旧藏

沈周（1427～1509），明代画家。长洲（今江苏吴县）人，字启南，号石田、白石翁等。善诗文，精书画，尤擅诗书画一体结合的文人画风，是“吴派”宗师，与唐寅、文征明、仇英并称“明四家”。

此画为全景式构图，层峦叠嶂，雄峰高峻，而山脚茅屋院落幽居，林木欹斜，木桥横溪而过，于静谧中平添几分生气。画面以墨色、赭色为主，皴染结合，笔墨精润。左上角赋七言绝句一首，款署“成化二年十月朔，长洲沈周”。钤方形白文篆印“白师滃”，又方形朱文篆印“沈氏启南”。

明代仇英《亭台楼阁图》

纵 86、横 172.5 厘米
纸本　设色
江油李白纪念馆旧藏

仇英（约 1498 ～ 1552），明代画家。江苏太仓人，字实父，号十洲。人物、山水、鸟兽、楼台界画诸题材兼能，尤擅重彩人物、青绿山水。其画章法结体严谨，笔力刚健，人物神采生动，自然亲切，具有雅俗共赏的格调。与沈周、文征明、唐寅并称“明四家”、“吴门四家”。

此画用工笔界画表现亭台楼阁，远山连绵，烟波浩渺，阁楼、小路、栈桥相通，阁中及庭院内数人品茗、观景、游玩。右下角钤葫芦印“十洲”。

明代杨慎摹王羲之《十七帖》残本

纵 28.2、横 32.2 厘米
纸本
江油李白纪念馆旧藏

杨慎（1488～1559），明代文学家。四川新都人，字用修，号升庵，自号博南山人、金马碧鸡老兵。谙熟经、史、诗、文、词曲、音韵、金石、书画，对天文、地理、生物、医学等也有很深的造诣。与解缙、徐渭合称“明代三大才子”。此本共摹王羲之《十七帖》之《积雪凝寒帖》、《服食帖》、《瞻近帖》、《天鼠帖》、《朱处仁帖》、《邛竹杖帖》、《游目帖》七篇，惜《服食帖》、《瞻近帖》有残缺。款署“升庵杨慎”。

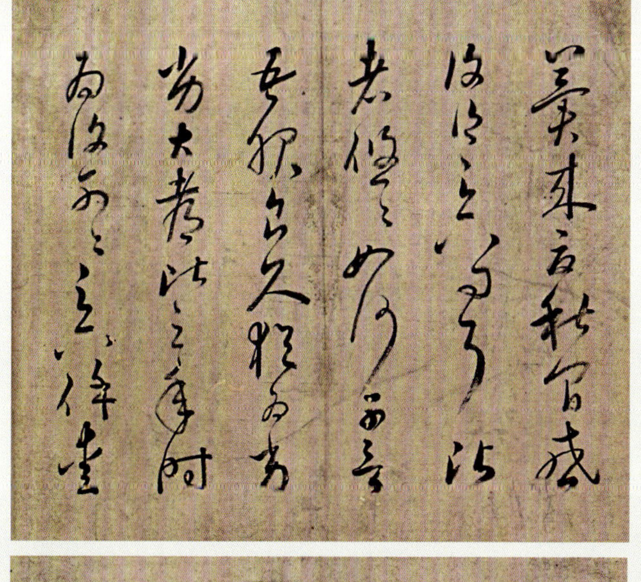

清代傅山行书《左思·咏史十条屏》

纵 232、横 48 厘米

纸本

绵阳博物馆旧藏

傅山（1607～1684），明清之际思想家、书画家。阳曲（今山西太原）人，字青竹、青主，号啬庐、石道人。时人尊为“清初第一写家”。

作品以行书为主，真草篆隶相间，所书内容为西晋文学家左思所作《咏史》诗八首。跋书为“守一仁兄正”，落款“侨黄傅山”，其下钤“傅山之印”。

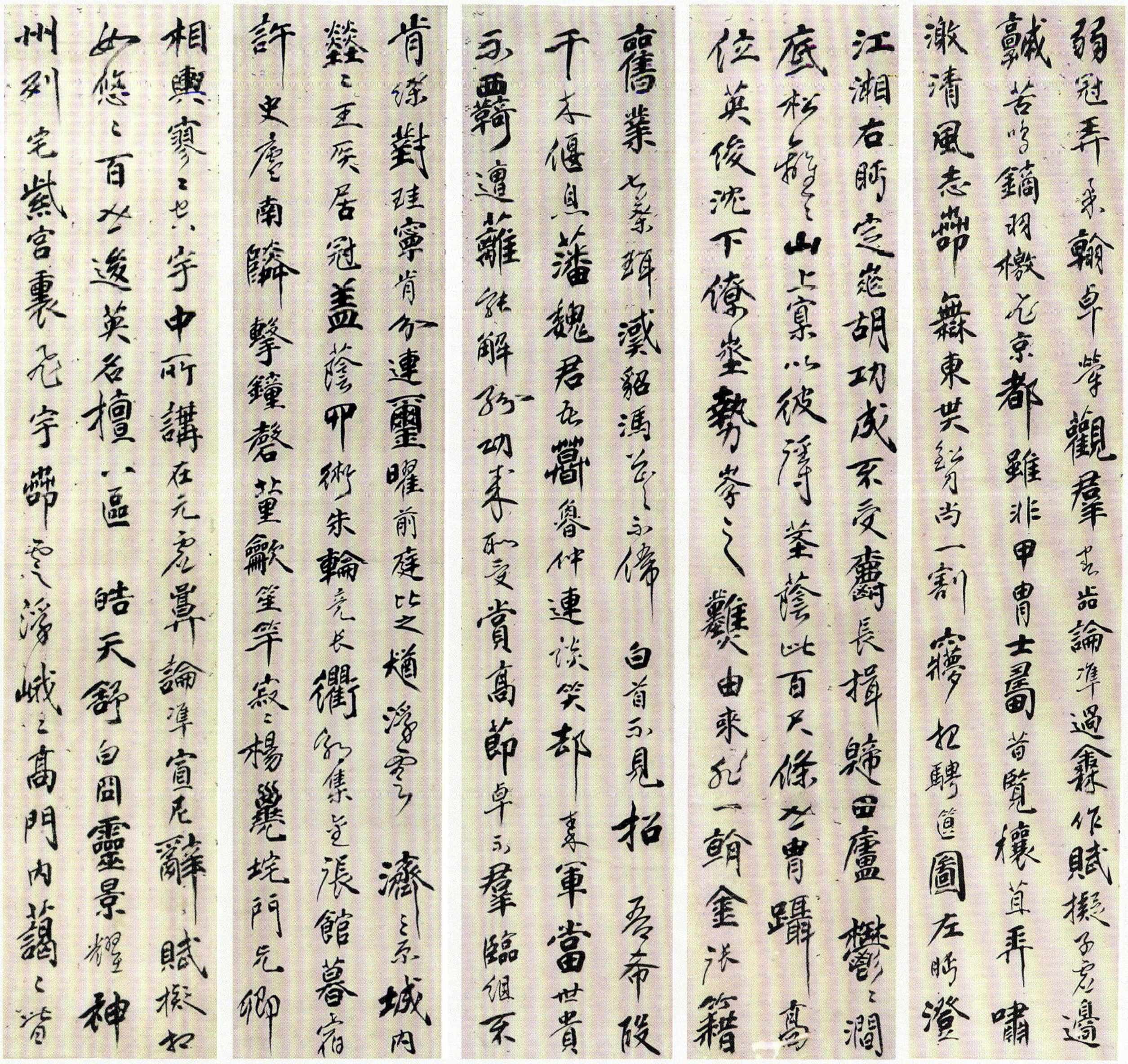
弱冠弄柔翰卓犖觀羣書著論準過秦作賦擬子虛邊
城苦鳴鏑羽檄飛京都雖非甲冑士疇昔覽穰苴長嘯
激清風志若無東吳鉛刀貴一割夢想騁良圖左眄澄
江湘右盼定羌胡功成不受爵長揖歸田廬鬱鬱澗
底松離離山上苗以彼徑寸莖蔭此百尺條世冑躡高
位英俊沈下僚地勢使之然由來非一朝金張藉
舊業七葉珥漢貂馮公豈不偉白首不見招吾希段
干木偃息藩魏君吾慕魯仲連談笑卻秦軍當世貴
不羈遭難能解紛功成恥受賞高節卓不羣臨組不
肯緤對珪寧肯分連璽曜前庭比之猶浮雲濟濟京城內
赫赫王侯居冠蓋蔭四術朱輪竟長衢朝集金張館暮宿
許史廬南鄰擊鐘磬北里吹笙竽寂寂揚子宅門無卿
相輿寥寥空宇中所講在玄虛言論準宣尼辭賦擬相
如悠悠百世後英名擅八區皓天舒白日靈景耀神
州列宅紫宮裏飛宇若雲浮峨峨高門內藹藹皆

清代王翚《山水图》

纵 188、横 50 厘米
绢本　设色
江油市文物管理所旧藏

王翚（1632～1717），清初画家。江苏常熟人，字石谷，号耕烟散人、剑门樵客、乌月山人等。论画主张“以元人笔墨，运宋人丘壑，而泽以唐人气韵”。作品清丽深秀风致，功力深厚，是“虞山派”创始人，与王鉴、王时敏、王原祁合称“四王”。

画中以大面积描绘宽阔而平远的河景、风物，其设色清幽淡远，虚实有佳，富有润感，颇具江南山水之妙。左上角有题记，款署“石谷字王翚”，钤圆形朱文篆印“海虞”，又方形朱白文篆印“王翚之印”。

清代查士标《山水图》

纵 182、横 48 厘米
纸本　水墨
江油市文物管理所旧藏

查士标（1615～1698），清初书画家、诗人。新安（今安徽休宁）人，字二瞻，号梅壑散人、懒老。其画笔墨疏简，风神懒散，气韵荒寒，晚年画益超迈，直窥元人之奥，是明末清初新安派“海阳四家”之一。

画中远峰耸立，烟雾显晦，飞流急泄，树木参错。左上角有题记，款署“丁巳冬日，查士标”，钤“查士标印”、“二瞻”印。

清代石涛《山水册》

纵 36.8、横 36.8 厘米

绢本　设色

江油李白纪念馆旧藏

石涛（1642～约 1718），清初画家、画学理论家。广西全州人，朱元璋侄孙靖江王朱守谦后裔，字石涛，法名原济，号苦瓜和尚、清湘老人等。擅花果、兰竹，兼工人物，尤善山水。其画构图新奇，笔墨雄健纵姿，淋漓酣畅，于气势豪放中寓静穆之气，面目独具。与弘仁、髡残、朱耷合称“清初四僧”。

此册其中一幅苍山绿树，飞瀑急泄，两人立于篱笆院内观景。左上角书题记，款署“纯根”，钤椭圆形朱文篆印“清湘老人”。另一幅着墨甚少，笔意简括，描绘一高士拄杖立于绝壁之上。右上角有题记，款署“大涤子”，钤“大涤子”、“阿长”等印。

谢无量《访戴天山道士不遇》

纵 79、横 25 厘米
纸本
江油李白纪念馆藏

谢无量（1884～1964），现代学者、诗人、书法家。四川乐至人，原名蒙，字大澄，号希范，后易名沉，字无量，别署啬庵。在诗词、书法、文史研究、文物鉴赏等方面都卓有成就。

其书法随性而起，不受拘束，运笔如行云流水，天趣盎然，被誉为归真返璞之“孩儿体”。他的这幅作品正是其一贯风格的体现，款署“李太白访戴天山道士不遇，谢无量”，下钤“谢无量印”。

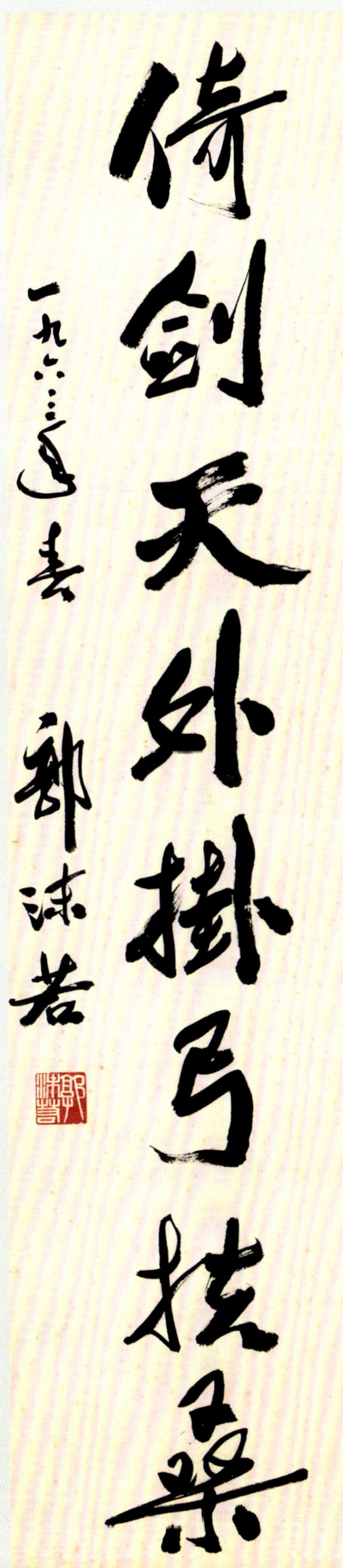

郭沫若行书《酌酒·倚剑联》

纵 134.8、横 33 厘米
纸本
江油李白纪念馆藏

郭沫若（1892～1978），现代文学家、历史学家、新诗奠基人之一。四川省乐山市沙湾人，原名郭开贞，字鼎堂，号尚武，笔名沫若。

此幅作品上联“酌酒花间磨针石上”，上款“李白纪念馆补壁”，下联“倚剑天外挂弓扶桑”，下款“一九六三年春，郭沫若”，钤“郭沫若”印。

张大千《宋人宾头庐尊者渡水图》

纵 115.5、横 64 厘米

纸本　设色

江油李白纪念馆藏

张大千（1899～1983），现代著名画家。四川内江人，原名正权，后易名爰，字季爰，号大千，别署大千居士、下里港人，斋名大风起兮。

画中危崖壁立，激流奔腾，红枫古藤缠绕，一宾头庐尊者带一小儿涉水。左上题“宋人宾头庐尊者渡水图。临似仁兄供教。甲申嘉平月二十五日，大千居士张爰”，钤“张爰之印”、“大千”、“除一切苦厄”印。

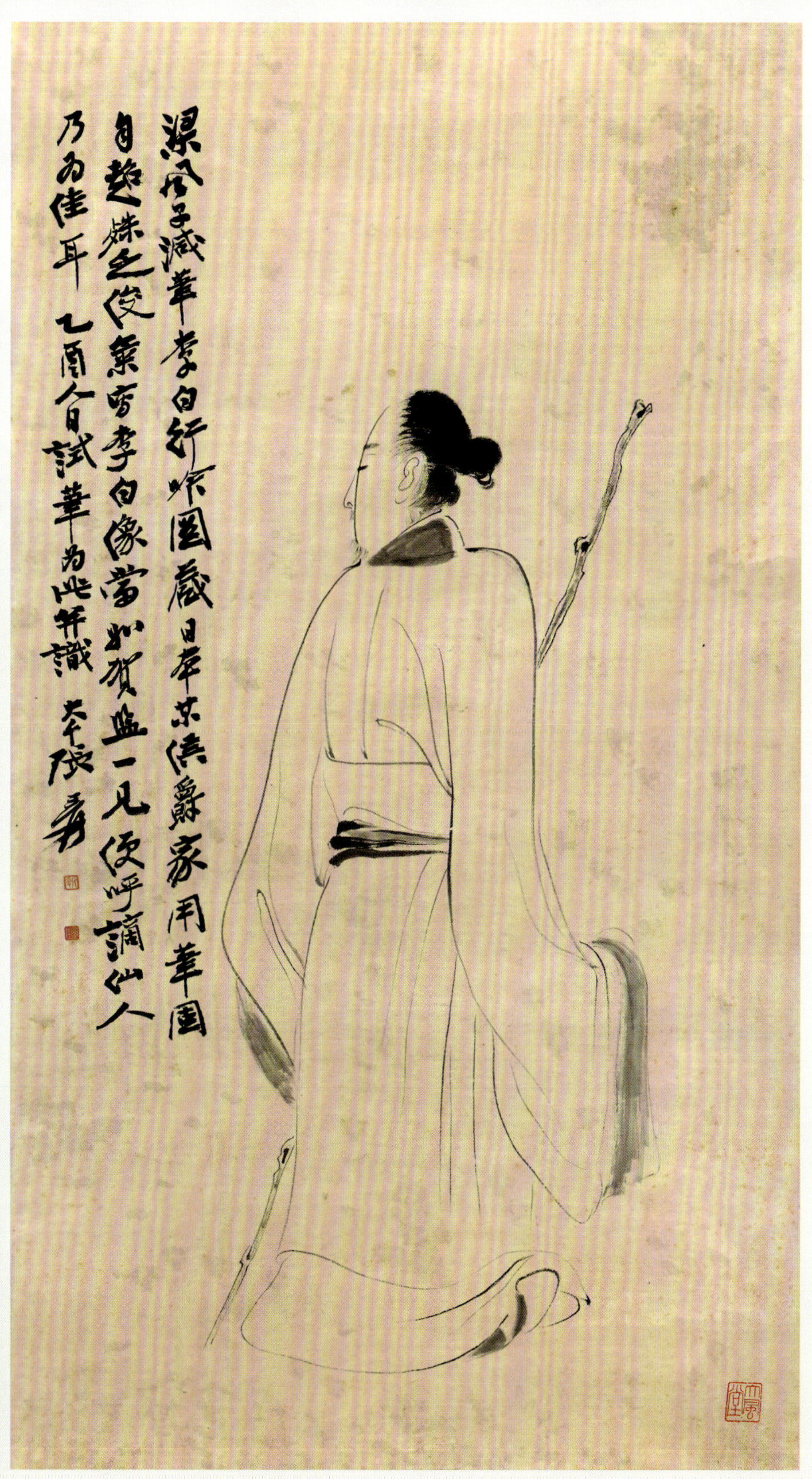

张大千《太白行吟图》

纵 116、横 64 厘米
纸本　水墨
江油李白纪念馆藏

张大千（1899 ～ 1983），现代著名画家。四川内江人，原名正权，后易名爰，字季爰，号大千，别署大千居士、下里港人，斋名大风起兮。

此画以大写意画李白拄杖行走，白描简笔，豪放大气，寥寥数笔人物风神立现。左上题“梁风子减笔李白行吟图，藏日本某侯爵家。用笔固自超殊乏俊气。写李白像当如贺监一见便呼谪仙人乃为佳耳。”款署“乙酉人日试笔为此并识，大千张爰”，钤“张爰”、“张大千”、“大风堂”印。

傅抱石《李白像》

纵 138、横 68.8 厘米
纸本　设色
江油李白纪念馆藏

傅抱石（1904～1965），现代著名画家，美术理论家。江西新余人，原名长生、瑞麒，号抱石斋主人。擅画山水，推陈出新，创“抱石皴”，形成了“烟笼雾锁，苍茫雄奇”的独特风格。

此画工笔设色，用笔洗练，描绘李太白侧卧于红梅树下，对月独酌。右上题“李白像”，款署“一千九百六十四年二月为江油纪念馆造，傅抱石并记”，钤“抱石之作“、“甲辰所作”、“往往醉后”印。

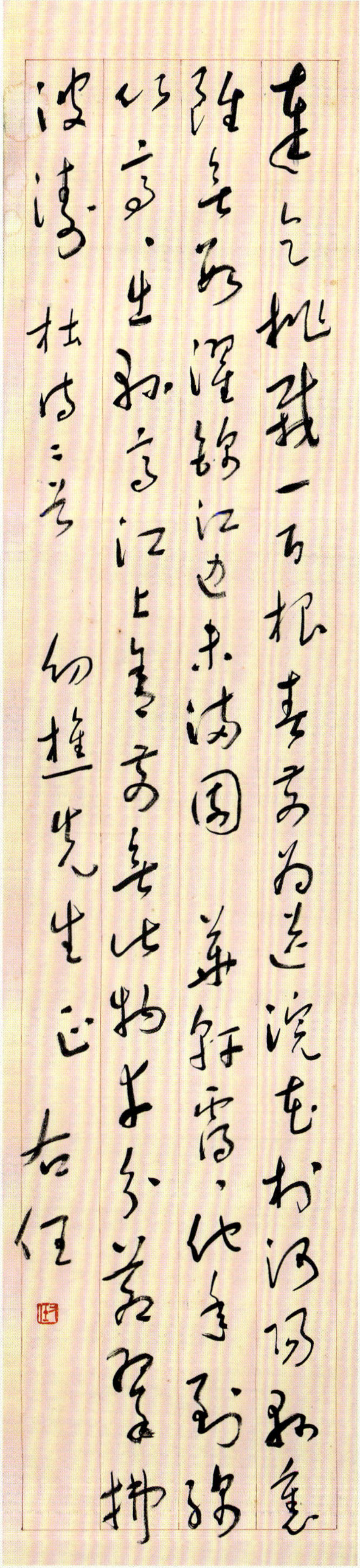

于右任《杜甫诗二首》

纵 132、横 31 厘米

纸本

江油李白纪念馆藏

于右任(1879～1964),近现代政治家、教育家、书法家。陕西三原人。原名伯循，字诱人，尔后取谐音“右任”为名，晚年自号“太平老人”。此作品写杜甫诗两首：“奉乞桃栽一百根，春前为送浣花村。河阳县里虽无数，濯锦江边未满园。”“华轩蔼蔼他年到，绵竹亭亭出县高。江上舍前无此物，幸分苍翠拂波涛。”落款“幼樵先生正右任”，钤“右任”印。

李苦禅《白鹭图》

纵 105.5、横 48.5 厘米
纸本　设色
江油李白纪念馆藏

李苦禅（1899～1983），现代著名画家。山东高唐县人，原名英杰，改名英，字励公。擅画花鸟和鹰，笔墨厚重豪放，气势磅礴逼人，意态雄深纵横，形象洗练鲜明，树立了大写意花鸟画的新风范，长屏巨幅更为世人所瞩目。

画中两座沙洲，一只白鹭立于浅滩之中。作者运笔如行云流水，苍劲洒脱，笔墨简约随意，一派朴拙之气。上题“白鹭下秋水，孤飞如坠霜。心闲且未去，独立沙洲傍。此太白当时心情之写照也。应太白纪念馆之属作此。岁在戊午初冬月。八十一叟苦禅”。钤“李氏苦禅”、“欣逢盛时”、“八十后作”印。

蒋兆和《李白像》

纵 76.6、横 68.5 厘米

纸本　水墨

江油李白纪念馆藏

蒋兆和（1904～1986），现代著名人物画家。四川泸州人，原名万绥，后改兆和。以骨法用笔为基，融汇西画造型之长和山水画的皴擦点染技法，人物形象真实、生动，画风质朴、深邃，极具写实性和表现性。

此画用水墨小写意绘李白持杯侧卧石上。人物笔墨精简，形神儒雅，尽显闲适悠然之姿。右题“毫端未写峨眉月，留待诗人万古吟”，款署“癸卯兆和”，钤“兆和”印。

贺天健
《李白梦游天姥吟图》

纵 101.5、横 69 厘米
纸本　水墨
江油李白纪念馆藏

贺天健（1891 ~ 1977），现代著名书画家。江苏无锡人，字健叟，别号纫香居士。长于中国山水画，又擅诗文书法。善用水墨，设色讲究层次，多用复色，风格豪放跌宕，富有时代气息。图绘山林瀑流景致，重峦耸翠，树木林立，流泉飞泄，一樵夫拾阶而行，李白立于云雾缭绕的危岩之上。上部有题记，款署“江东贺天健时年七十有四从四川江油县李白纪念馆命图之”，钤“贺天健”印。又赋诗《梦游天姥吟留别》，落款“天健录李白梦游天姥吟”，钤“让乡里人之玺”、“天健吉祥”印两枚。

潘天寿
《写李青莲海榴世所稀诗意图》

纵 107.5、横 53 厘米
纸本 设色
江油李白纪念馆藏

潘天寿（1897～1971），现代著名画家。浙江宁海人，原名天授，字大颐，号寿者、雷婆头峰寿者等。擅画花鸟、山水，兼善指画，亦能书法、诗词、篆刻。其写意花鸟布局奇险，用笔劲挺洗练，境界雄奇壮阔。书法兼长各体，沉雄飞动，自具风格。

画中瘦石一块，小草一笼，一古石榴树上仅存两颗果实。构图清新苍秀，笔线生辣古拙，形简而意深远。右题“写李青莲海榴世所稀诗意”，款署“一九六五年芙蓉开侯东越雷婆头峰寿者”，钤“阿寿”、“潘天寿印”印，引首、左下角钤“阿寿”、“彊其骨”印。

林散之草书《哭宣城善酿纪叟》

纵 97、横 29 厘米

纸本

江油李白纪念馆藏

林散之（1898～1989），现代书画家、诗人。江苏江浦县人，名霖，又名以霖，字散之，号三痴、左耳、江上老人等。工书法、诗文，擅山水，其草书更是享誉海内外，被称为“当代草圣”。

此作品书“纪叟黄泉下，还应酿老春。夜台无李白，沽酒是何人？”，款署“李白纪念馆留政，戊午秋日林散耳”，钤“散之私玺”、“曾登太白”印。

吴作人《大鹏图》

纵 137、横 67.5 厘米
纸本　水墨
江油李白纪念馆藏

吴作人(1908～1997),当代著名画家、美术教育家。江苏苏州人。师从徐悲鸿先生，素描、油画造诣甚深，亦长于水墨画，境界开阔，寓意深远。

画中云雾缥缈，山峦起伏，三只形态各异的大鹏展翅高飞。此画以留白写云雾、天空，画面简洁明净，单纯而有韵味。左下角题“腾覆回转，庚申写太白诗意，作人”，钤“吴”、“作人写意”、“寥廊”印。

吴冠中
《峨眉山月思李白》

纵 138、横 69 厘米
纸本　设色
江油李白纪念馆藏

吴冠中（1919～2010），当代著名画家、美术教育家。江苏宜兴人。致力于油画民族化和中国画现代化的探索，形成了鲜明的艺术特色。

画中古松参天，瀑布飞流，小道蜿蜒，一轮弯月高悬天空，茫茫夜色中弥漫着恬淡静谧的气息。西画的色彩与国画的笔墨融于一体，和谐统一，独具特色。右下款署“峨眉山月思李白，一九七八年”，钤“冠中写生”、“荼”印。

沙孟海行草《江上吟》（节句）

纵 115、横 31 厘米
纸本
江油李白纪念馆藏

沙孟海（1900～1992），当代著名书法家。浙江鄞县人，原名文若，字孟海，号石荒、沙村、决明。其书法代表了北碑雄强一路而开一代风气，无论篆隶楷草，皆在书法史上占有重要地位，尤以行草书最佳。

他的这幅行草“兴酣落笔摇五岳，诗成笑傲凌沧洲”，古拙朴茂，浑厚宏阔。末尾落款“沙孟海八十岁”，下钤“沙孟海印”、“决明馆”印。

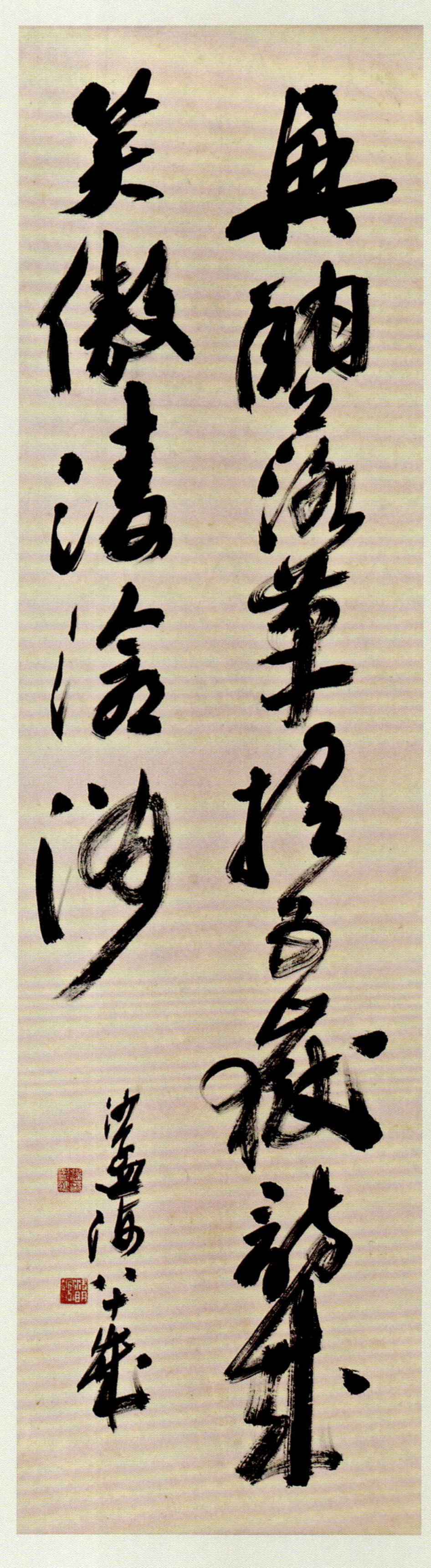

陆俨少《蜀道难诗意图》

纵 137、横 68.5 厘米
纸本　设色
江油李白纪念馆藏

陆俨少（1909～1993），现代著名画家、美术教育家。上海嘉定人，又名砥，字宛若。擅书法，精人物、花卉，尤以山水画成就最大，与李可染一起被誉为“北李南陆”。

画中松峦叠翠，奇峰耸峙，流云浮动，几人行进于崎岖蜿蜒的古道上。右题李白《蜀道难》，款署“一九七八年十一月为李白纪念馆写蜀道难诗意，陆俨少并书”，钤“俨少”、“宛若”、“就新居”、“岁在戊午”、“穆如馆”印。

钱松喦
《登金陵凤凰台诗意图》

纵 69、横 44.8 厘米
纸本　设色
江油李白纪念馆藏

钱松喦（1899 ～ 1985），现代著名国画家。江苏宜兴人，又名松岩、松喦，曾用喦庐主人。画风意境深邃隽永，富有生活情趣；构图稳中求变，笔墨浑厚苍茫；将强烈的时代气息与民族的传统特色融为一体。

画中茂林庙宇，江水滔滔，李白携小童于凤凰台上，静立远眺。右上题“凤凰台上凤凰游，凤去台空江自流。吴宫花草埋幽径，晋代衣冠成古丘。三山半落青天外，二水中分白鹭洲。总为浮云能蔽日，长安不见使人愁。”款署“李青莲登金陵凤凰台怀古诗意，一九六三年春钱松喦写于金陵”，钤“松岩”、“松岩长寿”印。

王雪涛《牡丹蝴蝶图》

纵 98.5、横 59.5 厘米
纸本　设色
江油李白纪念馆藏

王雪涛（1903～1982），现代著名小写意花鸟画家。河北成安人，原名庭钧，字晓封，号迟园。创造了清新灵妙、雅俗共赏的鲜明艺术风格，20 世纪五六十年代其花鸟画已达到一个艺术高峰，至今无人出其右。

此画描绘几株竞相开放的牡丹，绿叶婆娑，红花争艳，彩蝶翩翩。左上题“一枝秾艳露凝香”，款署“李太白诗意，雪涛写”，钤“雪涛周甲后画”、“迟园”印。

王叔晖《夜宴桃李园图》

纵 131.5、横 63.5 厘米

纸本 设色

江油李白纪念馆藏

王叔晖（1912～1985），现代著名工笔重彩人物画家。天津人，字郁芬。题材以古代仕女为主，人物造型含蓄中略加夸张，线描健劲有力，落墨洁净，明艳清雅。

图绘月夜下，桃园内，李白邀友把酒言欢，吟诗作赋。右上题“夜宴桃李园图”，款署“壬戌八月，山阴王叔晖作”，钤“王叔晖”、“延年”印。

绵阳馆藏金器、银器、象牙雕、犀角杯等文物虽然珍贵，但数量较少，都难以单独成篇，故汇为杂项介绍。

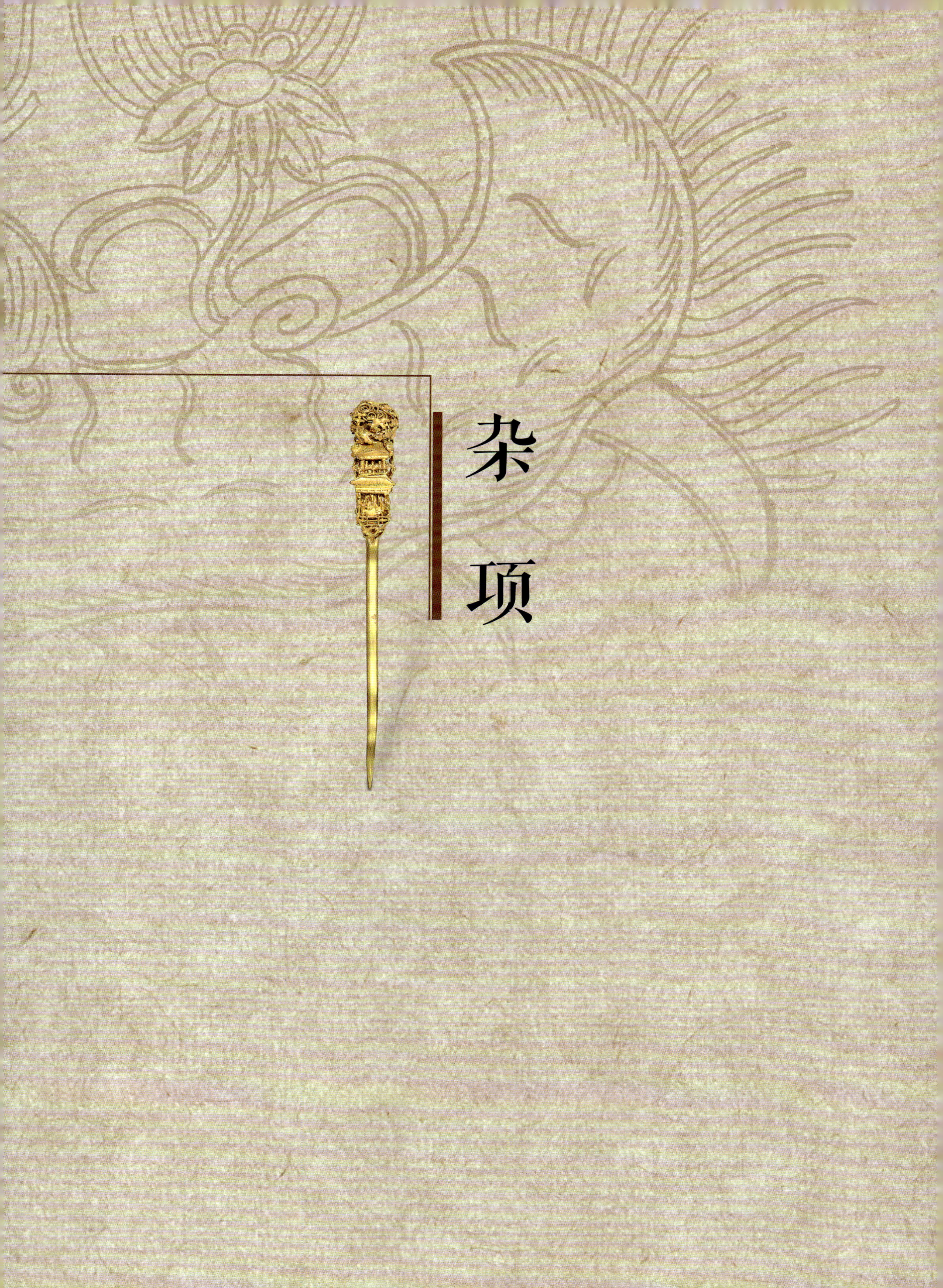

杂项

汉代金手镯

直径 6.2 厘米
1990 年绵阳市市中区城郊乡（现涪城区城郊乡）何家山 2 号崖墓出土
绵阳博物馆藏

金质。圆形，断面为菱形。金黄色，色泽纯正。素面，简洁质朴。

宋代荷花纹银碗

口径 9.4、足径 4.3、高 5.6 厘米
1991 年绵阳市市中区黄家巷（现培城区黄家巷）窖藏出土
绵阳博物馆藏

圈足银碗。内底中心铸接上凸莲花之花托，与腹壁压印的三重莲瓣纹完美衔接。整个碗无论是内里还是外观，都宛若一朵盛开的莲花。宋人之匠心独运和精湛技艺可见一斑。

宋代折枝石竹纹银盘

口径 16.8、底径 11.6、高 1.4 厘米
1991 年绵阳市市中区黄家巷（现涪城区黄家巷）窖藏出土
绵阳博物馆藏

模铸。口沿压印连续叶脉纹与圆圈纹，内底部饰盛开折枝石竹花纹。镌刻清晰，纹饰精美。

宋代靖康元宝

直径 6.7、厚 0.3 厘米，重 48.9 克
1956 年安县汉昌乡出土
安县文物管理所藏

铜质，有郭。真书“靖康元宝”，钱文旋读。宋钦宗赵桓靖康年间（1126～1127 年）铸行。铸量很少，流通时间短，极其珍贵。

明代联珠金手镯

左，直径 7.5、珠径 0.75 厘米，重 255.1 克；右，直径 6.8、珠径 0.75 厘米，重 247.6 克
1974 年平武县古城公社（现古城镇）小平山王玺墓群出土
平武县文物管理所藏

联珠近圆形。有开口，口两端各一段六面体。其中，左侧一件上錾刻麦穗纹，右侧一件饰菱形圆珠纹，内边阴刻楷书“能造”、“赤金”。

明代镂雕人物楼阁金发簪

长 15、宽 1.5 厘米
1974 年平武县古城公社（现古城镇）小平山王玺墓群出土
平武县文物管理所藏

金质发饰。簪头呈长条形，圆形插针。簪头正面镂雕半立体双重楼阁，楼阁间数组人物活动场景。设计制作别出心裁，匠心独运。

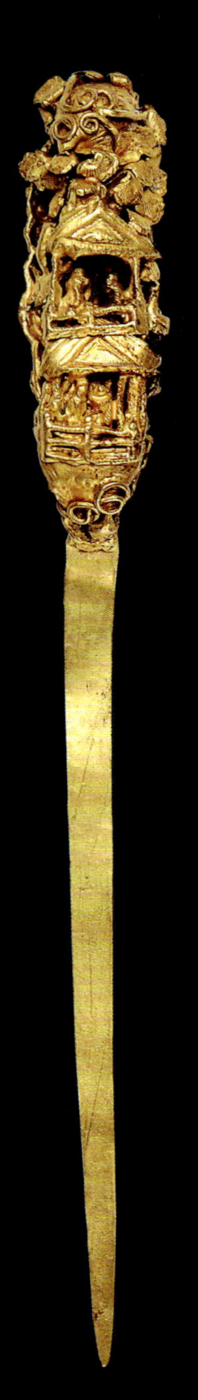

明代镂雕叶形人物楼阁金钿

长 6.6、宽 4.8 厘米
1974 年平武县古城公社（现古城镇）小平山王玺墓群出土
平武县文物管理所藏

金质发饰。叶片形，由正面装饰部分和背板组成，正面饰园林建筑。围栏流水和藤蔓瓦屋方寸之间，数组各色出行人等生动逼真，意趣不凡。

明代鸳鸯金胸佩

通长 28 厘米
1974 年平武县古城公社（现古城镇）小平山王玺墓群出土
平武县文物管理所藏

链为球形，下坠莲托鸳鸯，鸳鸯嘴各衔一套链，上吊祥云、喇叭花朵、罗钱、圆铃、银锭、莲花、鱼。各种纷繁的物事以套链巧妙连接，呈现出纤细柔美、精工秀丽的审美趣味。

清代题款象牙笔筒

口径 9.5、高 14.5 厘米
江油市文物管理所旧藏

黄色。圆形，中空底平。外壁题刻行书诗文一首，“上林春色晓，红萼发仙姿，灼灼含朝露，阴阴向夕曦，却看迷玉洞，应喜献瑶池，无限芳菲意，东君知未知。”后刻二枚印章，一为圆形，印文不识；另一为方形篆书“清玩”。

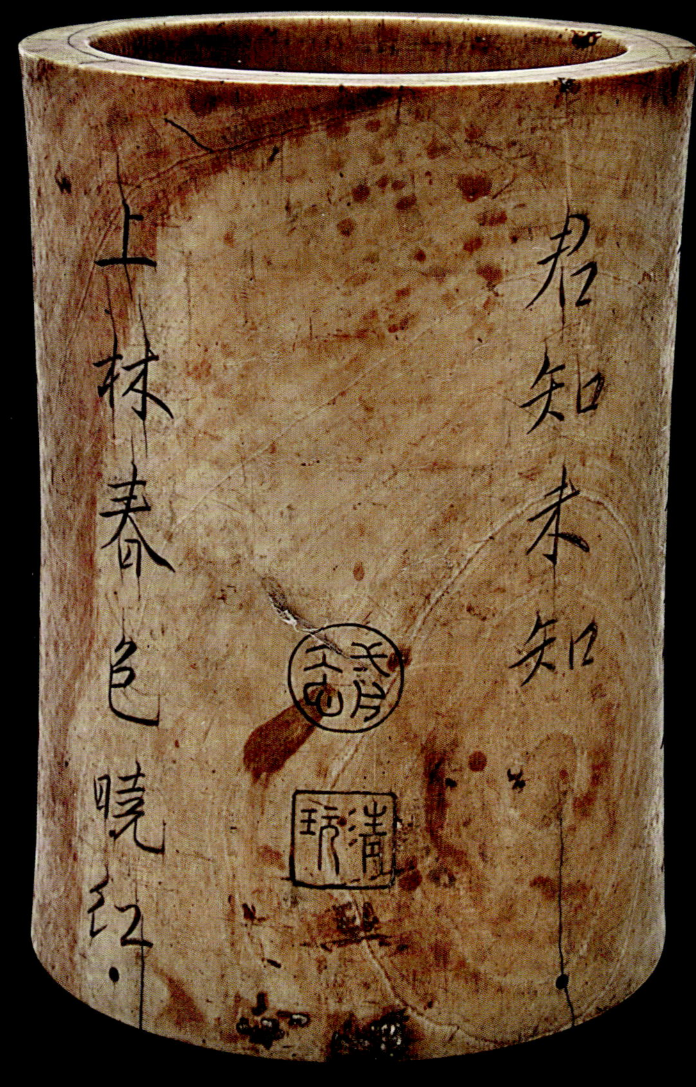

清代象牙木雕摆件

长 56、底座宽 4.1、高 14 厘米
盐亭县文物管理所旧藏

桥形。两部分组成，上为象牙雕大象过桥，下为木质镂孔桥座。十只形态大致相同的大象，由大到小粘接在一象牙条上，似排队过桥。随物赋形，精雕细琢，赋予其非凡的想象力和艺术魅力。

清代犀角杯

口长 15.3、口宽 10.8、底径 3.8、高 10.5 厘米
1952 年征集
梓潼县文物管理所藏

暗红色。椭圆形。杯口、底座、内底分别呈玉兰花瓣、花枝和花朵、花蕊形态。玉兰花或盛开，或含苞待放，枝舒叶展，其中一枝玉兰花镂空与口相连，成一把手。该杯形状如一丛美丽的玉兰花，构思巧妙，造型生动。

清代人头皮鼓

直径 21.6、高 6.8 厘米
1987 年绵阳市川剧团移交
绵阳博物馆藏

藏族法器。鼓身系动物骨骼制成，束腰，两端均蒙人头皮，髹绿色，中腰包裹一铜带，上嵌珊瑚、绿松石珠。两端缀有葫芦形双耳，作击鼓之用。腰另侧为一红底银花丝质彩带，可供佩戴、系挂。

白马藏族妇女钱币腰带

长 366 厘米
2004 年征集于平武县白马藏族乡
绵阳博物馆藏

铜质。钱币大小相同，由麻线穿缀成串，可绕腰重叠数圈，颇具原始、古朴之美。钱币腰带为白马藏族妇女所独有，通常年满 18 岁由母亲传给，不仅是装饰，也有“腰缠万贯”之意。

白马藏族妇女鱼骨佩饰

耳环直径 4.9、5.1 厘米，胸饰长 29 厘米
2004 年征集于平武县白马藏族乡
绵阳博物馆藏

耳环与胸饰皆系较大贝壳磨制而成。耳环为圆形，胸饰近长方形，呈乳白色，色泽纯净温润。后者 5 块，以细线缝制在布带上，其上再饰以 5 枚贝壳，顶端有绳，供佩戴用。鱼骨胸饰是白马藏族最具特色的佩饰之一，兼具护身辟邪功能。

后　记

绵阳历史悠久，可移动文物数量众多。近年来，在市委、市政府和上级文物行政主管部门的大力支持下，绵阳市的可移动文物保护工作成效显著。通过馆藏珍贵文物调查和数据库建设工作，摸清了全市国有文博单位馆藏珍贵文物的家底，正在进行、明年结束的第一次全国可移动文物普查，将摸清全市所有国有可移动文物的家底；通过积极争取国家和省级专项经费支持，全市国有文博单位修复了1380多件可移动文物；通过绵阳博物馆馆藏文物保存环境达标及中心库房建设，以及各区市县文管所、博物馆文物库房汶川特大地震灾后恢复重建，有效改善了全市可移动文物的保存条件。特别是绵阳博物馆文物中心库房的建成使用和全市珍贵文物集中代管的实施，极大提高了全市珍贵文物的保护和管理水平，有效抵御了“5·12”汶川特大地震对全市珍贵文物的侵袭。

将学术性较高、观赏性较强的全市国有可移动文物用书籍的形式科学地记录下来，有序地传承下去，是弘扬我市优秀传统文化的迫切需要，也是我们应尽的责任。经过大家的努力，这本书终于出版了。这不仅是编撰者辛勤劳动的成果，更是全市文物工作者几十年心血的结晶，没有他们对可移动文物的收藏和保护，就没有本书的出版。在此，我们向曾经为和正在为绵阳市文物保护事业奉献力量的同志们表示崇高的敬意和真诚的感谢！

本书由王锡鉴同志负责策划、统稿，并拟定书名；唐光孝、都云昆同志完成概述的编写；唐光孝同志完成文物条目的初审；窦菊华同志完成文物条目的编写和部分后期出版事务；杨伟同志完成文物照片的拍摄（其中，江油李白纪念馆书画藏品照片由该馆提供）；卢引科同志完成摇钱树线图的绘制。在本书编写过程中，钟治、杨光文、方晓、宋建民、李正、张敏、龚迎春等同志给予了悉心帮助，绵阳博物馆文物中心库房、各县市区文管所（博物馆）和江油李白纪念馆提供了诸多方便，四川省文物局、四川省文物考古研究院、重庆市文化遗产研究院、成都博物院、三星堆博物馆、中共绵阳市委宣传部、绵阳市文广新局及各县市区文广新局也给予了大力支持，在此一并致谢。

由于编者学识所限，书稿内容虽几经打磨仍难免有错漏之处，敬请读者批评指正。

编　者

2015年7月